X

27298

CONSIDÉRATIONS

PHILOSOPHIQUES

SUR

LA LANGUE FRANÇAISE.

CET OUVRAGE SE TROUVE AUSSI

A ANGERS, CHEZ LAUNAY-GAGNOT, LIBRAIRE.
A RENNES, CHEZ MOLLIEX, LIBRAIRE.

ANGERS. IMPRIMERIE DE ERNEST LE SOURD.

CONSIDÉRATIONS

PHILOSOPHIQUES

SUR

LA LANGUE FRANÇAISE,

SUIVIES

DE L'ESQUISSE

D'UNE LANGUE BIEN FAITE.

PAR P. M. LE MESL,

PRÉSIDENT D'UN TRIBUNAL DE COMMERCE.

PARIS.

L. HACHETTE, LIBRAIRE,

RUE PIERRE SARRAZIN, N° 12.

—

1834.

INTRODUCTION.

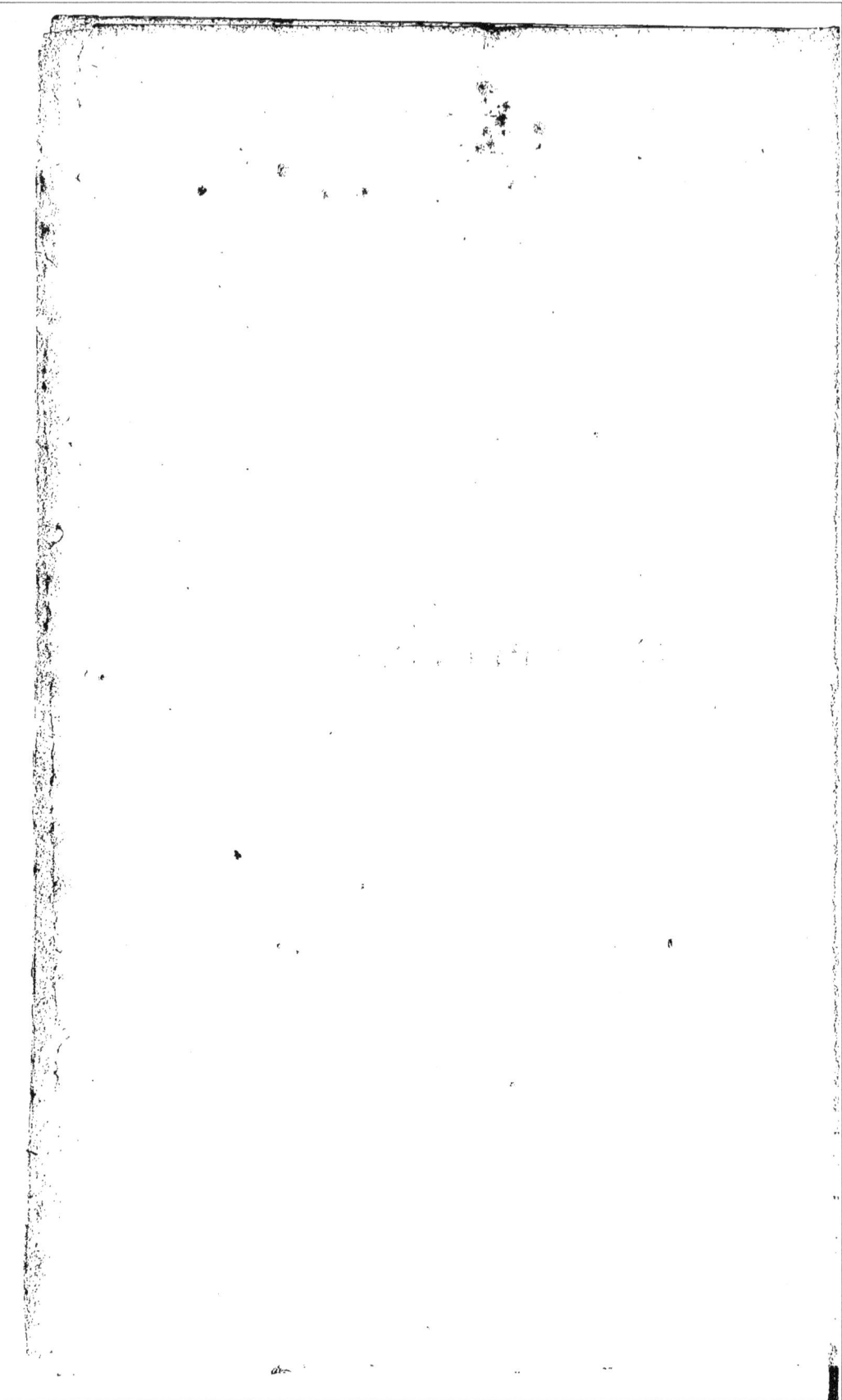

INTRODUCTION.

La langue française était originairement un dédale presque inextricable. Mélange confus de langues antérieures et de langues contemporaines, elle porte l'empreinte ineffaçable de son origine. OEuvre imparfaite, aucune méthode certaine ne présida à sa formation : de là proviennent les nombreuses et bizarres irrégularités qu'on y remarque.

Des savans laborieux sentirent le besoin de débrouiller ce chaos, et consacrèrent leurs talens à effectuer ce projet louable et difficile. Les premiers essais n'opérèrent point de grandes améliorations, parce que les personnes qui les tentèrent étaient imbues de préjugés qu'elles avaient contractés dans l'étude des langues anciennes. On commit et on rectifia bien des erreurs avant de discer-

ner parfaitement les traits de dissemblance
qui caractérisent chaque langue et le génie
particulier du français. Lorsqu'on eut acquis
ces notions indispensables, on coordonna les
élémens de notre langue; on établit les lois
qui la régissent et on y opéra successivement
des améliorations importantes et nombreuses. Nous devons un juste tribut de reconnaissance aux personnes intelligentes qui ont
rendu un service si éminent à la nation française. Si leurs efforts n'ont pas été couron-
nés d'un plein succès, on ne peut l'attribuer
qu'aux obstacles qu'elles avaient à vaincre
et à la fausse direction qu'elles ont suivie.
Je suis persuadé qu'on ne pouvait mieux
faire en partant d'un principe si fautif et si
restreint que celui qu'on avait adopté. Je
veux dire, en ne considérant que la nature
particulière du français, sans remonter à la
nature générale du langage. Si on avait en-
visagé notre langue sous ce dernier rapport,
on n'aurait point propagé et perpétué les
erreurs que j'y remarque; car, malgré les
recherches qu'on a faites, les principes généraux du langage sont encore complète-
ment ignorés. Ce n'est pas faute d'érudition
ni d'intelligence, que nos savans n'ont pu
découvrir et appliquer ces principes; c'est
seulement parce qu'ils ont considéré le français comme une abstraction, comme un effet

sans cause, tandis qu'on devait l'envisager comme effet d'une cause intelligente,
et dans les relations réciproques de cette
cause à son effet. Or, l'esprit est la cause
nécessaire et immédiate de toutes les langues; les caractères particuliers qui distinguent celles-ci ne sont que des conditions secondaires et accidentelles, qui
doivent toujours être subordonnées à la
condition principale, sans laquelle toutes
les langues seraient inutiles et impossibles.

C'est sous ce point de vue philosophique
que je considèrerai la langue française. En
me plaçant dans cette région supérieure qui
domine toutes les institutions sociales, je
me soustrais à l'influence des préjugés et
des préventions autant que j'en ai le pouvoir, afin d'apprécier, dans une entière
indépendance, la langue qui sera l'objet de
mes investigations. Aucune considération
personnelle n'arrêtera mes efforts; car je
suis persuadé que quiconque a l'avantage de
concevoir une pensée utile doit avoir le courage de l'énoncer. Chacun, dans sa sphère,
doit contribuer de tous ses moyens à améliorer la nature humaine, en perfectionnant
les institutions sociales. J'ai pris la ferme
résolution de remplir ce devoir; j'exprime-
rai ma pensée tout entière; je dévoilerai
les erreurs et j'indiquerai les moyens qui me

sembleront les plus propres à les effacer, ou à les atténuer. Pour cela, je me créerai un type idéal, presque indépendant de ce qui existe. Je vais exposer les principes qui me serviront de régulateurs dans le dédale que je vais parcourir.

Les langues n'ont été formées que pour manifester la *pensée*, qui est une opération de l'esprit ; car *penser*, c'est former dans son esprit l'image d'un être physique ou abstrait, image qui se compose des qualités et des propriétés que l'être possède, et de tous ses rapports. Ainsi la pensée est complexe, puisqu'elle embrasse plusieurs rapports. On ne peut donc l'émettre qu'en l'analysant, en énonçant successivement les idées qu'elle contient.

Chaque *idée* est représentée par un *mot*, et chaque mot est formé d'une ou de plusieurs *voix*. Ainsi, en dernière analyse, ce sont les voix qui représentent les idées. Voici maintenant la progression ascendante : *voix*, image sonore de l'idée ; *idée*, élément constitutif *de la pensée*, et pensée, *opération de l'esprit*.

Les formes des idées doivent donc être déterminées par l'esprit ; c'est là le seul moyen infaillible pour approprier l'effet matériel à la cause intellectuelle dont il émane. Ces formes doivent être relatives à la nature, à l'affinité et à la génération des idées qu'elles représentent.

Voici des principes qui découlent de cette relation incontestable de l'esprit à l'idée.

Toutes les idées que l'esprit conçoit doivent être revêtues de formes vocales, et chaque idée doit être représentée par une forme particulière.

Les idées ont entr'elles plus ou moins d'affinité; l'analogie des formes doit être relative à l'affinité des idées qu'elles représentent.

Chaque idée peut être envisagée sous plusieurs aspects et doit revêtir des formes accessoires pour représenter toutes les vues de l'esprit qui la concernent.

Chaque inflexion modificative doit toujours représenter la même modification de l'idée qu'elle affecte.

Les particules initiales, comme les particules désinentielles, doivent toujours représenter la même idée accessoire.

Les voix qui représentent des idées subordonnées doivent dériver de celles qui représentent les idées principales dont elles procèdent.

Les mots composés doivent être formés de voix partielles intelligibles, représentant des idées en rapport avec la signification du mot dont elles font partie intégrante.

Les formes doivent être réduites aux proportions indispensables pour représenter les idées; car la pensée est très-rapide, comparée à l'acte de la parole qui la manifeste.

De même que les voix sont les images sonores de nos idées, les mots écrits sont les images visibles des voix et doivent être imités de leurs modèles. Ils ne doivent contenir aucun trait superflu, ni manquer d'aucun trait nécessaire. Chaque mot écrit doit donc être la peinture fidèle de la voix et des idées qu'il représente. Je dis de la voix et des idées, et cette remarque est importante, surtout lorsqu'il s'agit d'adapter un système graphique à une langue défectueuse. Chaque signe visible a un double rapport; il a une relation immédiate à la voix qu'il représente, et médiate à l'idée représentée par la voix. Ainsi, lorsque la forme vocale est impuissante pour exprimer les idées accessoires, ce qui arrive fréquemment en notre langue, la forme graphique plus parfaite doit suppléer à cette imperfection, en ajoutant à l'idée principale, les signes visibles des idées accessoires de nombre et de genre qui existent dans l'esprit, lors même qu'elles n'ont point d'expressions propres. J'envisagerai l'écriture sous ce double aspect, c'est-à-dire, comme image visible des voix et des idées.

L'art ingénieux de l'écriture, qui donne

une forme durable à la parole, perpétue la pensée en la revêtant d'un corps permanent et visible. Une pensée visible! une opération occulte, une idée fugitive revêtue d'un corps (1)! Il faut être témoin de cette merveille pour y croire.

(1) L'écriture alphabétique a exercé une heureuse influence sur les destinées de l'espèce humaine. Ce système ingénieux, simple et facile, est un prodige presque inexplicable. Lors qu'on pense que vingt-cinq signes arbitraires, au moins en apparence, diversement combinés, suffisent pour représenter tous les sons et toutes les articulations de notre langue, pour imposer des formes diverses à environ quarante mille idées (1), on éprouve un sentiment de reconnaissance et d'admiration.

Comment l'esprit humain a-t-il procédé pour former et perfectionner cet art ingénieux de peindre la parole? il me semble que cette question est insoluble. Un voile impénétrable nous dérobera toujours l'origine de l'alphabet. Néanmoins, l'opinion la plus probable est celle qui fait émaner les caractères alphabétiques des peintures des êtres naturels et des emblêmes; des savans ont remarqué quelques ressemblances entre les hiéroglyphes, qui formaient sans doute une écriture naturelle et allégorique, et les lettres hébraïques et égyptiennes. Ces lettres ont toutes des noms significatifs. Il en est de même des lettres runiques ou islandaises, d'une formation plus récente, et qui ont mieux conservé leurs types primitifs; plusieurs de celles-ci sont, dit-on, imitées des êtres qu'elles désignent.

Avant l'époque incertaine où l'on inventa l'écriture, l'homme ne pouvait graver la mémoire des événemens mémorables, communiquer ses désirs aux personnes éloignées, perpétuer les signes de sa volonté, qu'en peignant ses idées sous des formes emblématiques et allégoriques. On sait que la représentation des êtres naturels fut transformée en allégories ingénieuses. Cet être impalpable que nous nommons le *temps* fut représenté

(1) Dans cette évaluation approximative, je comprends tous les mots usuels et techniques.

L'homme est à lui-même un mystère incompréhensible; il ne connaît parfaitement ni ses facultés, ni ses propriétés physiques et intellectuelles. Il ne sait comment ses membres, dociles à sa volonté, se meuvent au gré de ses désirs; il ne sait comment ses

sous la forme d'un serpent, dont les nombreux replis sur lui-même empêchaient d'en suivre les sinuosités. Cette citation me suggère une pensée : notre lettre sinueuse et sifflante *s* ne serait-elle pas une abréviation de cette figure allégorique ? sa forme et l'articulation qu'elle représente permettent de lui assigner cette origine conjecturale.

Il est probable que l'alphabet n'a atteint que progressivement le degré de perfection où il est parvenu depuis de nombreux siècles. Cette conjecture est d'autant plus plausible, qu'on a la certitude que l'alphabet hébreu n'était formé originairement que de consonnes. L'invention des points voyelles est moderne, comparée à celle des élémens primitifs, mais vagues de cette antique écriture, qu'on croit imitée des lettres égyptiennes. Peut-être que toutes les écritures ont éprouvé des améliorations semblables, à des époques plus reculées encore.

L'influence de l'alphabet sur la civilisation est trop évidente, pour qu'on puisse la contester. Je vais citer un exemple qui est propre à démontrer la supériorité de notre système graphique.

L'écriture chinoise, qui diffère essentiellement de notre écriture, n'est point alphabétique, ni même susceptible de le devenir; cette écriture est semi-hiéroglyphique, ou plutôt idéographique, si je puis me servir de ce mot propre; c'est-à-dire, qu'au lieu de représenter les sons, elle représente immédiatement les idées. Or, le nombre de celles-ci étant très-considérable, les Chinois, engagés dans une fausse route, ont été entraînés à créer le nombre exorbitant de quatre-vingt mille caractères. De nombreuses difficultés surgissent d'une si grande multiplicité de signes visibles, dont on ne peut acquérir la connaissance que par un travail long et pénible. La vie presque entière du Chinois lettré est consacrée à cette étude. Aussi ce peuple immense, qui est régi en corps de nation depuis plus de quarante siècles, est

idées se gravent dans le vaste dépôt de sa mémoire et y forment un monde intérieur toujours à sa disposition. Ce sont là des mystères qu'il ne comprendra jamais ; mais il sait qu'il possède des idées et qu'il peut en acquérir ; il sait que celles-ci sont les élémens de la pensée et que la précieuse faculté de la parole ne lui a été départie que pour matérialiser cette opération de l'esprit,

stationnaire depuis un temps immémorial. Le mouvement progressif qui se manifeste avec tant d'énergie en Europe est absolument inconnu en cette région ; les arts, à quelques exceptions près, n'y sont qu'ébauchés ; les sciences y sont presque ignorées.

J'attribue particulièrement la cause de cet état stationnaire à l'imperfection de la langue et particulièrement du système graphique des Chinois. Comment, en effet, pourraient-ils se livrer aux sciences, puisque la première et la principale absorbe presque tous leurs instans.

Il faut le reconnaître, jamais aucune découverte ne contribua aussi puissamment aux progrès de l'état social que l'invention de l'alphabet. Quelle que soit l'origine de nos lettres, présentement elles ont pour base invariable l'organe de la voix ; chacune d'elles doit toujours être le signe du même son ou de la même articulation. C'est là un principe incontestable et nécessaire qu'on devrait toujours appliquer. Autrement, au lieu d'un système régulier et rationnel, on ne possède qu'un chaos. Malheureusement, une partie de nos combinaisons syllabiques sont si fautives et si arbitraires, qu'elles dérogent essentiellement au principe que j'ai établi. Hâtons-nous de ramener l'art sublime de l'écriture à sa pureté primitive, en affectant aux voix les lettres qui les représentent naturellement, et en les débarrassant de toutes les lettres superflues. C'est en simplifiant, en régularisant et en complétant les institutions fondamentales, que l'on facilite et que l'on accélère les progrès de l'intelligence.

afin de la reproduire à l'extérieur et de la communiquer aux autres créatures de l'espèce privilégiée. Ces réflexions sont propres à exciter notre admiration et notre reconnaissance, à nous faire apprécier l'importance du langage et sentir le besoin de régulariser notre langue, pour l'approprier à son modèle autant qu'elle en est susceptible, autant que les imperfections matérielles inhérentes à sa nature nous le permettront. C'est là le but que je me propose, et je ferai tous mes efforts pour l'atteindre. Puissé-je avoir le talent de pénétrer mes lecteurs de ma profonde conviction!

Notre langue vocale est incomplète, incohérente et irrégulière; notre langue écrite reproduit nécessairement toutes les imperfections de son modèle et y ajoute encore d'autres imperfections. J'examinerai concurremment la langue parlée et la langue écrite.

Je dois opter entre deux méthodes également rationnelles: la première consiste à s'élever progressivement du simple au composé, la dernière à descendre du composé au simple. Je préfère celle-ci; car elle présente quelques avantages sous le rapport de la clarté. En examinant d'abord la contexture des mots composés, je dévoilerai le mécanisme le plus matériel des langues, et, par conséquent, le plus facile à saisir.

On ne peut exprimer en notre langue le nom d'un être sensible ou abstrait, sans qu'il ne réveille en notre esprit les idées accessoires de nombre et de genre. En effet, chaque vue de l'esprit embrasse un ou plusieurs sujets, un ou plusieurs êtres, et chaque être est masculin ou féminin : ainsi, ces idées accessoires sont toujours exprimées ou sous-entendues à la suite des substantifs. J'indiquerai les améliorations que notre système graphique comporte relativement à ces idées dépendantes. Ensuite, j'aborderai l'ordre direct de conception, ou le fait fondamental des langues, je veux dire, la filiation des mots en raison des idées qu'ils représentent; je donnerai un paradigme sensible propre à démontrer le mécanisme et l'esprit de la filiation.

Lorsque j'aurai considéré ce qui existe, lorsque j'aurai exploré le monde des faits, je m'éleverai dans celui de l'intelligence. De là, je contemplerai les idées sensibles et abstraites; j'en indiquerai la nature, et je les envisagerai sous tous les aspects, afin de m'assurer si on les a revêtues de toutes les formes nécessaires pour représenter toutes les vues de l'esprit qui y sont relatives. J'indiquerai les nombreuses lacunes qui existent en notre langue et le moyen de les combler en suivant les lois de l'analogie.

En appliquant mes principes au français,
je n'ai pas la prétention d'y opérer une re-
forme radicale, qui n'est point praticable ;
je voudrais seulement enseigner une méthode rationnelle pour y introduire les améliorations nombreuses qu'il comporte en raison de sa nature; car on doit toujours consulter la nature particulière des institutions
et les besoins qu'elles doivent satisfaire.

J'espère démontrer que les exceptions
nombreuses qui hérissent nos règles générales sont dénuées de fondement; qu'elles
sont contraires à la raison, et que c'est par
une complète ignorance des principes immuables qui émanent de la nature des actes
de l'intelligence , ou par une coupable con-
descendance pour l'usage, que l'on perpétue ces choquantes irrégularités. Il est temps
de secouer le joug tyrannique de ce despote
que l'on nomme l'usage , lorsqu'il commande
le sacrifice de la raison et d'y substituer l'empire de la philosophie, c'est-à-dire, de la
sagesse, de la raison et de la science; car le
mot philosophie, dont on a tant abusé, est
une déception lorsqu'on l'emploie dans un
sens contraire à la définition que je viens
d'en donner.

Je suis persuadé que toutes les personnes
intelligentes qui ne sont point les esclaves
serviles de la routine et des usages, qui ai-

ment à remonter des effets à leurs causes,
sentiront les avantages qui découleraient de
l'application de mes principes. On rendrait
un service important à la nation française,
en régularisant et en perfectionnant notre
langue autant qu'elle en est susceptible.
Mais cette question doit être envisagée sous
un aspect plus général.

La nation française exerce une grande
influence sur la civilisation. Presque toutes
les productions remarquables de nos auteurs
célèbres sont traduites dans les langues de
l'Europe, et propagent, chez toutes les nations, nos connaissances et nos principes.
Notre langue est devenue presque euro-
péenne, malgré les imperfections qu'elle
contient, et qui en rendent l'étude longue
et difficile. Combien se propagerait-elle encore plus promptement, si elle était moins
défectueuse, et si notre système graphique
était régularisé?

Ils sont déjà loin de nous ces temps d'illusions, de prestiges et de gloire, où nos
armés victorieuses subjuguaient les rois et
les peuples. Maintenant nous devons aspirer
à la gloire littéraire, qui ne traîne après
elle aucune calamité. Les palmes de la vic-
toire sont toujours teintes de sang humain.
L'empire de la force ne se maintient que
par l'oppression et par les sacrifices; celui

de la raison et de la science est moral et
pacifique: son action salutaire rapproche
les peuples en effaçant les préventions qui
les divisent et les préjugés qui les séparent.

Si nous voulons augmenter l'effet, per-
fectionnons le moyen; si nous voulons que
notre langue se répande avec plus de célé-
rité, et augmente dans la même proportion
notre influence morale et la sympathie des
peuples, rendons-la aussi régulière que le
comporte sa nature, en attendant le règne
incertain d'une institution plus en harmonie
avec nos besoins et avec nos facultés.

Je terminerai cet ouvrage par l'esquisse
d'une langue bien faite, qui sera basée,
d'après mon système, sur les trois règnes
de la nature, et sur les facultés et les propriétés physiques et intellectuelles de l'espèce humaine. J'espère démontrer que ce
chef-d'œuvre, qui sera le complément nécessaire de la civilisation, n'est ni aussi
futile, ni aussi chimérique qu'on pourrait
le croire. La nature humaine est très-per-
fectible. Encore quelque temps, et elle aura
réalisé ce rêve brillant de mon imagination.

CONSIDÉRATIONS

PHILOSOPHIQUES

SUR LA LANGUE FRANÇAISE,

SUIVIES

DE L'ESQUISSE

D'UNE LANGUE BIEN FAITE.

CHAPITRE PREMIER.

Des mots composés.

Presque toutes les langues modernes dérivent
des langues anciennes, qui avaient déjà dépouillé
une partie des formes primitives de la parole.
Ainsi on ne peut saisir l'esprit sur le fait de la
formation du langage vocal, qu'en remontant à
une langue matrice formée par les seules lumières
de la raison, sous les inspirations immédiates de
la nature et en conséquence des vues du créateur,
qui avait prédestiné l'homme pour l'état social.

1

J'ai puisé quelques connaissances en cette source inconnue (1).

Les mots composés d'une langue originale étaient des définitions plus ou moins exactes, mais toujours intelligibles, parce que le premier et le plus impérieux des besoins était de se faire comprendre; on prenait dans la langue même les élémens de chaque composition, et l'analyse de chaque mot composé en donnait la signification exacte, ou très-approximative.

Nous avons quelques mots composés bien faits, qui, généralement, ont été formés par le vulgaire; car plus l'homme est voisin de la nature, mieux il en suit les inspirations. Je vais citer quelques exemples qui serviront de types pour l'intelligence de cette matière.

Vinaigre : vin rendu aigre par artifice. Ce mot est composé des voix *vin* et *aigre.*

1re voix : *vin*, substance liquide exprimée du raisin ;

2e voix : *aigre*, qualité sensible au sens du goût.

L'analyse de ce mot en donne la signification exacte. En effet, je sais, par expérience, que le *vinaigre* est un vin qui a acquis, naturellement ou artificiellement, la qualité *aigre*; c'est-à-dire que

_____

(1) Je fis, il y a quelque temps, une remarque imprévue qui me suggéra la pensée de sonder les mystères de la formation d'une langue originale. Je portai mes investigations sur une langue antique de l'occident, dont l'origine remonte aux temps les plus reculés, touche peut-être au berceau de la nature humaine. Mes recherches furent fructueuses; je fis des remarques importantes; je réunis des documens curieux et intéressans; et je compte coordonner ces matériaux épars, sitôt que j'en aurai le loisir.

cette substance, qui possède des propriétés particulières, produit, sur le sens du goût, le sentiment
de l'aigreur, de l'acidité.

Eau rose, substance sensible. Ce mot est composé des deux substantifs *eau* et *rose*; le dernier
qualifie le premier en désignant la qualité odo-
rante qui distingue cette substance composée de
l'eau commune.

Ce mot composé équivaut à cette locution : *Eau
qui exhale les émanations odorantes de la rose.* Voilà
l'analyse fidèle des idées particulières représentées
par ce mot elliptique. Je développerai cette considération importante à la fin de ce chapitre.

Les deux exemples qui précèdent suffisent pour
donner l'intelligence du mécanisme des mots
composés, et de l'esprit de ces compositions. Ces
mots sont bien faits lorsque toutes les voix partielles qui les forment représentent des idées
intelligibles, en rapport exact avec les qualités
ou les propriétés de l'être auquel on impose un
nom de cette espèce, et dont l'ensemble présente
à l'esprit un sens clair et raisonnable, tels que
ceux que je viens d'analyser. Je vais soumettre à
la même épreuve d'autres mots qui produiront
des résultats bien différens. J'ouvre mon vocabulaire au hasard, et je lis : *habit*, ce mot est
composé des deux voix *ha* et *bit*.

1re voix : *ha*, interjection de surprise.

Depuis ma plus tendre enfance, je sais qu'un
habit fait partie du vêtement : je me demande quel
rapport une interjection de surprise peut-elle
avoir avec un habit ? Dans l'impossibilité de faire
à cet égard aucune conjecture fondée en raison,
je poursuis.

2ᵉ voix : *bit*. Ici mon désappointement est complet. Je ne trouve nulle part que *bit* ait un sens déterminé en français. Cette voix insolite n'y est employée qu'en composition. C'est en vain que je tourmente mon imagination pour tâcher de découvrir quelque rapport entre *bit* et l'idée sensible que présente à mon esprit le mot habit, vêtement.

Je sais fort bien qu'*habit* dérive du latin *habitus*, ce qui ne satisfait nullement ma raison ; car il est de principe que tous les mots composés d'une langue doivent se résoudre en ses propres élémens, pour être à la fois analytiques et synthétiques.

C'est le mot *habitable* qui suit immédiatement habit. Je remarque que ce mot, qui ne diffère du précédent que par la terminaison, n'a aucun rapport de signification avec habit : d'où je conclus que l'analogie n'a exercé qu'une faible influence sur la formation de notre langue. J'aurai souvent l'occasion de faire cette remarque.

Habitable, ce mot est composé de quatre voix : *ha, bi, ta, ble*. Nous venons d'acquérir la certitude que les deux premières voix ne présentent aucun sens, lorsqu'on les considère isolément ; c'est ce qui me détermine à ne les point séparer. En réunissant ces voix deux à deux, dans l'ordre de composition, elles représentent deux idées bien distinctes :

1ʳᵉ et 2ᵉ voix : *habi*, vêtement ;

3ᵉ et 4ᵉ voix : *table*, meuble.

Je ne remarque qu'une faible analogie entre ces deux mots pris séparément et l'idée qu'ils présentent, lorsqu'ils sont réunis. Néanmoins, cette analogie, sans être satisfesante, ne répugne pas à la raison, ce qui provient d'une circonstance purement fortuite; car si l'*habit* et la *table* ne suffisent point pour rendre une maison *habitable*, ils contribuent au moins à l'aisance et à la commodité des habitans. Je passe plusieurs mots et je m'arrête à *habituer*, qui est l'un des verbes les plus bizarres de notre langue.

Habituer, ce mot est composé des quatre voix : *ha*, *bi*, *tu*, *er*. Nous avons déjà vu que les deux premières voix sont insolites quand on les divise. Il serait superflu de s'y arrêter davantage : ainsi, je vais analyser les deux dernières seulement.

3ᵉ voix : *tu*, pronom de la seconde personne du singulier; quel rapport ce pronom peut-il avoir avec l'idée que présente à l'esprit le mot *habituer?* Je n'en sais rien.

4ᵉ voix : *er*. Cette voix, considérée isolément, ne représente aucune idée; elle sert de désinence aux verbes de la première conjugaison, et à beaucoup de noms d'états et de métiers.

Il me semble que j'ai démontré jusqu'à l'évidence que, des quatre voix qui forment *habituer*, deux seulement représentent des idées positives; ce sont *ha* (1), interjection de surprise, et *tu*, pronom de la seconde personne singulière. Je ne puis trouver aucun rapport, ni direct ni indirect, entre aucune de ces voix et l'idée que représente *habituer;* mais, en les réunissant deux à deux, dans l'ordre naturel, elles forment deux mots

_____

(1) Je remarque qu'une interjection ne peut être considérée comme la représentation d'une idée distincte ; c'est plutôt l'expression rapide d'un sentiment vague, d'un mouvement subit et indéterminé de l'ame.

intelligibles, représentant deux idées distinctes.

Habi, vêtement; *tuer*, ôter la vie d'une manière violente. *Habituer* devrait donc, d'après sa composition, désigner l'action de tuer un *habit;* car, pour trouver cette signification, il suffit de transposer les deux mots qui forment ce triple composé. Il serait superflu de faire ressortir l'incohérence de voix si disparates et si étranges pour représenter cette idée abstraite, *habituer.* L'analyse d'une telle composition en fait sentir l'absurdité.

Les analyses qui précèdent n'ont produit aucun résultat satisfesant; essayons encore, peut-être serons-nous plus heureux. Je tourne quelques feuilles de mon vocabulaire, je prends au hasard le premier mot composé que j'aperçois. Le voici : *Incendie*, que l'on prononce *insandie.* Ce mot est composé des trois voix : *in, san, die.*

1ere voix : *in.* Cette voix, considérée isolément, ne représente aucune idée positive; on l'emploie comme particule initiale négative; mais, loin de posséder une valeur immuable, elle remplit des fonctions nombreuses et différentes.

2e voix : *cen*, que l'on prononce *san.*

Je ne considère que les voix, sans égard aux caractères qui les représentent, parce que notre système graphique est si défectueux, que chaque lettre est le signe équivoque de plusieurs sons ou de plusieurs articulations. Je vais donc rechercher les idées principales dont cette voix est l'image. Je trouve qu'elle a le privilége abusif d'en représenter deux bien différentes de natures et de constitutions; l'une sensible et l'autre abstraite : *san*, qu'on écrit *sang*, liqueur rouge qui coule dans les veines et dans les artères de l'animal; et *san*, que l'on

écrit *sans*, préposition exclusive. Je ne puis trouver aucune analogie entre les idées particulières
représentées par cette voix homonyme et celle
d'un incendie, si ce n'est un rapport de couleur
avec le sang, liqueur animale, rapport purement
fortuit.

3ᵉ voix : *die*. Cette voix ne représente aucune
idée distincte. Ainsi ce dernier mot est composé
d'élémens aussi insolites que les précédens. Je vais
encore analyser un mot composé.

Insolent, que l'on prononce *insolant*. Ce mot est
doublement composé, étant formé des trois voix :
in, so, lant.

1ᵉʳᵉ voix : *in*. On a vu au dernier article que cette
voix équivoque sert principalement à exprimer
une négation.

2ᵉ voix : *so*. Sans esprit, sans jugement.

3ᵉ voix : *lant*. Tardif, qui n'agit pas promptement.

Ainsi, ce mot est formé d'une particule négative et des deux adjectifs qualificatifs *so* et *lent*.
Quelle bizarrerie! quelle confusion!

Il serait superflu de multiplier les exemples
pour prouver une vérité d'une évidence palpable,
que chacun peut vérifier en analysant des mots
composés; car ils sont presque tous insolites, quand
on les considère d'après la règle que j'ai établie,
qui est parfaitement logique, puisqu'elle dérive de
nos facultés.

On a dû se convaincre qu'aucune méthode n'a
présidé à la formation des mots composés de notre langue, puisqu'ils sont formés d'élémens hété-
rogènes, incohérens et insolites, et qu'ils ressemblent bien plus aux productions informes d'une

aveugle fatalité, qu'aux œuvres régulières de l'intelligence. La raison de cette contradiction apparente entre la cause et l'effet est facile à expliquer :
c'est que les langues ont subi tant d'altérations,
ont éprouvé tant de vicissitudes, qu'elles ne con-
servent presque rien de leurs types primitifs.

Je me hâte de le reconnaître, le vice que je
viens de signaler n'entre point dans le domaine
de la réforme. Il fait partie intégrante et essentielle de la langue française, et nous sommes obligés d'en subir les conséquences.

Les barbares habitans d'une contrée de l'Afrique
ont adopté des coquillages pour monnaie courante;
à cet effet, ils attribuent une valeur idéale à ces
productions de la nature. Cette valeur fictive,
quoique dénuée de fondement, est une ressource
précieuse qui leur donne un moyen commode de
se procurer les objets dont ils ont besoin; et tel
est l'empire des préjugés et des usages, qu'on es-
saierait en vain de remplacer cette monnaie conventionnelle par notre numéraire, dont la valeur
nominale, plus conforme à la raison, est basée
sur la valeur intrinsèque et indestructible des mé-
taux.

Cette comparaison est parfaitement applicable à
toutes les langues modernes, et particulièrement
à la nôtre, dont la plupart des mots composés,
comme la monnaie de coquillon de cette peuplade
africaine, n'ont qu'une valeur conventionnelle, sans
rapport aux objets qu'ils désignent; mais ces mots,
quelque fautive qu'en soit la composition, forment
une monnaie courante qui représente nos idées, et
on ne peut leur substituer d'autres mots sans le
concours de la nation, dont ils sont la propriété
commune.

Nous devons donc borner nos efforts à perfectionner notre langue sans l'altérer ni la détériorer, à coordonner et à utiliser les élémens qui existent, à combler les lacunes et à généraliser les règles ; mais on ne peut effectuer ces améliorations importantes qu'en remontant aux principes du langage.

Les mots, ou voix articulées, sont les images sonores de nos idées, et les mots écrits sont les images visibles des voix et des idées. C'est un principe incontestable qu'une image quelconque doit ressembler à l'être qu'elle représente, autant que la nature des moyens imitatifs le permet. Conformément à ce principe, tout être ou tout objet qui possède un caractère permanent d'individualité, doit être représenté par un seul mot dont toutes les voix soient parfaitement adhérentes, afin qu'il présente à l'esprit un tout, une unité, comme l'idée dont il est l'image vocale et visible. Cette règle générale est applicable aux mots sensibles et abstraits, à tous sans exception, Elle n'est d'ailleurs que la conséquence de nos facultés et d'un fait accompli : les mots composés de toutes les langues, la langue chinoise exceptée (1), ont été

(1) La langue chinoise diffère essentiellement de toutes celles qui n'en dérivent pas. Cette langue confuse ne possède que 328 mots indépendans, tous monosyllabiques. On multiplie ces primitifs en les articulant sur 5 à 6 tons, et on en forme 1200 à 1300 radicaux.

Chaque son articulé et multiplié par les tons représente, terme moyen, environ 60 idées, qui ont toutes des signes graphiques ; mais en ne considérant ces signes visibles que relativement aux 328 primitifs, on trouve que chaque mot élémentaire est représenté par plus de 240 caractères.

Dans cette langue, aussi défectueuse qu'originale, les mots sont purement arbitraires, sans filiation ni affinité; ainsi, l'ordre

formés par la réunion permanente ou par la con-

dé conception n'y est point manifesté par la forme : les dérivés et les composés y sont inconnus. Une telle langue n'est qu'une ébauche imparfaite, un embryon avorté, une institution incomplète qui ne remplit point son objet. Aussi les Chinois sont forcés de suppléer, autant que possible, à l'insuffisance de la langue vocale, par des signes expressifs; les sons homonymes se reproduisent fréquemment en cette langue confuse et y occasionnent des équivoques continuelles.

Pour se convaincre de l'influence des langues vocales et graphiques sur la perfectibilité de la nature humaine, on n'a qu'à comparer la perfection relative que chaque peuple a acquise. Le peuple chinois, stationnaire et arriéré, a une langue pauvre et obscure et un système graphique compliqué et difficile. Tous les peuples qui ont excellé dans les arts et les sciences avaient des langues abondantes, plus ou moins régulières. La langue grecque, particulièrement, était très-abondante; aussi, les peuples intelligens de la Grèce ont-ils excellé dans les arts et dans les sciences.

Et qu'on ne pense point que je confonde l'effet et la cause, que la richesse d'une langue soit toujours en rapport avec l'intelligence native du peuple qui s'en sert. Ce serait là une erreur qu'il importe de détruire. Il ne suffit pas qu'un peuple ait des dispositions natives pour que sa langue soit abondante; il faut aussi qu'il ait adopté un bon système vocal; il faut que ses idées puissent s'étendre, se développer, se perfectionner, en revêtant des formes durables et transmissibles. S'il s'est engagé dans une fausse voie, s'il a adopté des usages qui mettent des entraves au développement successif de sa langue, les développemens de son intelligence s'en ressentiront de toute nécessité.

Les idées sont les élémens de toutes nos connaissances; sans elles, l'esprit ne peut se développer, se perpétuer, se transmettre. Or, les idées sont des êtres impalpables, qu'on ne peut communiquer qu'en les revêtant de formes matérielles; c'est-à-dire, en les limitant dans des mots. Chaque idée, d'abord propriété particulière de celui qui la conçoit, entre dans le domaine public, devient propriété commune, et enrichit le domaine de l'intelligence, en revêtant une forme vocale et une forme visible. C'est ainsi que les langues s'enrichissent et que l'intelligence des nations se développe.

traction des voix élémentaires. La nature et l'art procèdent de la même manière; c'est par la réunion ou par la fusion des élémens divers que se forment toutes les compositions.

En opposition à ce principe, il existe dans notre langue beaucoup de mots composés dont on écrit les voix séparément, comme s'ils n'étaient formés que d'agrégations passagères, tandis qu'il est évident que ces mots représentent des idées fixes et distinctes, et qu'ils doivent être définitivement constitués, pour que la forme soit en rapport avec l'esprit.

On a entrevu cette vérité sans la comprendre; car, si on l'avait aperçue distinctement, on l'eût mise en pratique. Au lieu de cela, on s'est borné à adopter une demi-mesure, en réunissant les voix partielles par des tirets. Cette méthode a l'inconvénient de créer et de perpétuer des mots provisoires doublement complexes, au lieu de mots compactes et définitifs.

Dès que l'on ignore les principes fondamentaux d'une science, ou qu'on néglige de les observer dans les développemens successifs qu'elle éprouve, on tombe dans l'arbitraire, le vague et les contradictions. C'est ce qui a eu lieu pour ces mots bâtards qui embarrassent nos grammairiens; si ceux-ci avaient remonté à la nature du langage, ils auraient appris que ces mots ressemblent à tous les autres, et que c'est par un abus répréhensible que l'on s'obstine à en séparer les voix, mais que, dans cet état d'imperfection même, ils doivent être assujettis aux règles générales de concordance.

Ce n'est point en sanctionnant les erreurs qu'on dirige une science vers la perfection relative qu'elle comporte, mais bien en signalant celles qui s'y introduisent, et en y opposant la puissance du raisonnement et l'autorité de l'exemple.

Mieux éclairés sur la nature de ces mots composés provisoires, j'espère qu'on sentira l'indispensable nécessité d'en faire des mots définitifs, passibles, comme tous les autres, des règles communes. Ainsi, on doit écrire : un *abatvent*, des *abatvens*; un *arcenciel*, des *arcenciels*; un *chefdœuvre*, des *chefdœuvres*; un *serretête*, des *serretêtes*; un *essuiemain*, des *essuiemains*; un *cassenoisette*, des *cassenoisettes*; un *passepartout*, des *passepartout*; etc.

Pour se convaincre de la nécessité de ces changemens, il suffira de se bien pénétrer de la nature des idées représentées par ces mots, puisque nous avons admis que la forme doit être relative à l'idée qu'elle représente.

Arcenciel, que l'on écrit *arc-en-ciel*, substantif sensible, composé des substantifs *arc* et *ciel*, unis par la préposition *en*. Ce mot est bien fait, car il présente à l'esprit l'idée distincte du phénomène dont il est l'image vocale et visible. Le premier substantif, *arc*, désigne un objet d'une forme particulière, se rapportant exactement à celle de l'arc-en-ciel; le second, *ciel*, désigne la région où ce phénomène apparaît. Ainsi, l'ensemble de ce mot présente la forme et la situation de l'objet, image aussi exacte que le comporte la nature du langage. Presque tous les mots provisoires qualifient, caractérisent ou définissent les objets qu'ils nomment; ce sont les mieux faits et les plus compréhensibles de notre langue. Pourquoi faut-il qu'une coutume déraisonnable les tienne dans une situation exceptionnelle et les empêche ainsi de revêtir ce carac-

tère d'unité qui convient à tous les substantifs?
C'est l'effet d'un préjugé, tâchons d'en saper les
fondemens.

Pour juger avec connaissance de cause si *arcenciel* doit être considéré comme l'expression et la
représentation d'une idée fixe et distincte, il faut
examiner l'impression que l'émission de ce mot
produit en notre entendement. Il est incontestable
qu'il y produit le même effet que les autres substantifs communs, c'est-à-dire, qu'il retrace l'image
générale de tous les arcs-en-ciel que nous avons
observés, comme les mots nuage, brouillard, etc.,
y retracent les images de ces émanations plus ou
moins condensées. Or, puisque les effets intellec-
tuels sont identiques, les formes matérielles doivent l'être aussi. Encore quelques exemples.

Abatvent, que l'on écrit *abat-vent*, substantif
sensible composé de *abat*, troisième personne
singulière du présent de l'indicatif du verbe tran-
sitif *abattre*, et du substantif sensible *vent*. Ce mot
est bien fait, car il indique l'usage ou la propriété de l'objet qu'il nomme.

Si j'examine attentivement la nature de l'idée
que l'articulation du mot abat-vent présente à ma
mémoire, je trouve qu'elle est aussi dictincte,
aussi indivisible que celles que présentent les voix
table, *lit*, *chaise*, etc. En effet, lorsque je prononce
ou que j'écris : *cette chaise*, *cet abat-vent*, j'exprime
des idées parfaitement analogues sous le rapport
de la simplicité; pourquoi donc leur conserve-
t-on des formes différentes, lorsqu'on en retrace les
images visibles ?

Passepartout, que l'on écrit *passe-partout*, substantif sensible, composé de la troisième personne

singulière du présent de l'indicatif du verbe *passer*
et de *partout*, adverbe de lieu. Mot bien fait, parce
qu'il exprime l'usage ou la qualité principale de
l'objet. Ce mot est l'image vocale et visible
d'une idée aussi distincte, aussi indivisible (1) que
celles que l'on exprime par les voix clef, crochet,
verrou, etc. Dès lors, on devrait la revêtir
d'une forme unie et permanente, comme celles
consacrées à la représensation des idées analogues
que j'ai citées.

J'ai dû commencer par les substantifs sensibles,
parce que ces mots ne représentant que des objets
matériels, on en conçoit plus facilement le mécanisme. Présentement, je vais analyser quelques
substantifs plus abstraits. Je ne donnerai que les
exemples que je jugerai rigoureusement indispensables pour l'exposition et la discussion de mes
principes.

Cheflieu, que l'on écrit *chef-lieu*, substantif
commun, composé du substantif sensible *chef*,
dans le sens de *tête*, et du substantif *lieu*. Mot bien
fait, figure assez exacte, formée par allusion aux
facultés intellectuelles, dont le siège est dans la
tête. En effet, la tête est le centre, le moteur et
le directeur des actions de l'individu, comme
un chef-lieu est le centre d'une circonscription
administrative. Aussi, c'est là le seul usage auquel ce mot est consacré, on dit le chef-lieu du
département, de l'arrondissement, du canton; ce

(1) Quoiqu'on puisse diviser l'expression de l'idée en l'analysant en ses élémens, l'idée en elle-même est toujours indivisible; qu'elle soit énoncée par une ou plusieurs voix, par un ou
plusieurs mots, elle est toujours *une*.

qui signifie centre d'actions administratives du département, etc.

Le mot chéflieu présente donc à notre esprit une idée générale, ayant pour type sensible *chef* ou tête, et pour déterminatif *lieu*.

Cette idée est de la même espèce que celles que l'on exprime par les mots *capitale*, *résidence*, etc. Pourquoi le premier mot ferait-il exception à la règle commune, en ce qui concerne la forme graphique ? serait-ce parce qu'il est composé de deux mots partiels intelligibles, tandis que capitale et résidence sont des corruptions, ou dérivations des mots latins *capitalis* et *residere* ? Parce que ces derniers sont insolites et que le premier est analytique, on a appliqué à celui-ci une règle de compensation, comme si l'on voulait exclure de notre langue toutes les perfections relatives qu'elle comporte !

Chefdœuvre, que l'on écrit *chef-d'œuvre*, substantif commun, composé de *chef*, pour tête, substantif sensible, et d'*œuvre*, substantif commun, réunis par la préposition *de*. Le dernier substantif détermine le premier. Le sens de ce mot est ouvrage parfait, et sa composition l'indique suffisamment. L'idée dont il est l'image est aussi simple que celle que l'on exprime par le mot composé *bienfait*, mais, par une inconséquence manifeste, ce dernier a acquis une constitution définitive, et le premier est encore un mot provisoire.

Nous avons en français des noms de circonscriptions territoriales d'une composition provisoire, qui ne présentent à l'esprit que des idées assez simples, tels que Côtes-du-Nord, Ille-et-Vilaine, Maine-et-Loire, et beaucoup d'autres. La raison exige que les élémens constitutifs de ces mots soient intimement unis, afin que chacun forme un tout, une unité comme l'idée qu'il représente; il en est de même des noms de villes et de communes. Je vais en citer quelques-uns qui, formés de voix partielles, provenant de langues anciennes, sont définitivement constitués.

Finistère, département; ce nom est hybride, étant composé du latin *finis* et du français *terre*, avec élision d'un *r*; il signifie, à la lettre, fin-terre, et à l'esprit, la fin de la terre. Ainsi, ce mot est elliptique, car on en a retranché les deux articles *la*, et la préposition *de*; néanmoins, il est encore assez explicite, puisqu'on en conçoit le sens avec facilité. Ce nom a été imposé à ce département en raison de sa situation à l'extrémité ouest de la Bretagne, et parce qu'il est baigné par l'Océan sur les trois quarts de sa circonférence.

Morbihan, département. Nom identique avec celui du golfe qui en baigne les côtes, composé des deux mots celtes *mor*, mer, et *bihan*, petit : à la lettre, mer petite. Ce nom antique fut donné à ce golfe parce qu'il est une petite mer, comparé à l'Océan dont il fait partie.

Redon, petite ville, située au confluent des rivières Oust et Vilaine. Ce nom, qui est parvenu jusqu'à nous dans sa pureté primitive, est composé des deux mots celtes *re*, trop, et *don*, profond; à la lettre trop profond; il est probable que ce nom fait allusion à la profondeur de la rivière.

Paimpol, petite ville. Ce mot est une corruption de *pemppoul*, qui était originairement le nom de cette ville, composé des mots celtes *pemp*, cinq, et *poul*, mare, amas d'eau dormante. Cette com-

position indique que ce lieu était situé entre cinq
mares d'eau, et la tradition en confirme l'exactitude.

Penmarc'h, promontoire de l'ancienne Armorique; composé des mots celtes *pen*, tête, et *marc'h*,
cheval; à la lettre, *tête - cheval*. Ce mot antique,
qui est parvenu jusqu'à nous sans altération, fut
imposé à ce promontoire en raison de sa forme,
qui a quelques rapports avec une tête de cheval.

Il serait superflu de multiplier les citations pour
prouver une vérité d'une évidence presque palpable. Néanmoins, le désir d'être laconique ne
doit pas nous empêcher de déduire des faits les
conséquences qui en découlent.

J'ai puisé une partie de mes preuves dans une
langue qui est de la plus haute antiquité, afin de
démontrer péremptoirement que tous les peuples
ont procédé de la même manière pour former les
mots composés. On a dû se convaincre que les
élémens de ces compositions sont analogues à ceux
que nous employons nous-mêmes; ils consistent en
voix partielles intelligibles qui ont contracté des
alliances intimes pour représenter les opérations
intellectuelles dont elles sont les images sonores
et visibles. Cette méthode est la conséquence de
nos facultés, et son adoption procurerait des
avantages immédiats à notre langue, non-seulement parce qu'elle aplanirait les difficultés qui
naissent des exceptions bizarres, créées par ignorance, conservées par habitude et qui se perpétueraient et se multiplieraient indéfiniment, si
la raison n'en triomphait; mais encore, parce
que plusieurs mots de cette espèce, quand ils
seront définitivement constitués, serviront de gé-

nérateurs à d'autres mots, en raison des idées
subséquentes qui en proviendront. Cette dernière considération mérite une attention particulière; je vais citer quelques exemples qui en feront
sentir l'importance. Cependant j'intervertis l'ordre
que je m'étais tracé.

Si les Latins ne s'étaient point avisés de réunir
les voix *bene* et *factum* et d'en former un mot permanent, ils n'eussent point possédé les mots expressifs *benefactum*, *beneficentia*, *benefaciens* et
benefactor; et nous, qui vivons de produits exotiques, nous n'aurions point les mots abstraits
bienfait, *bienfesant*, *bienfesance*, *bienfaiteur*. Ainsi,
une composition bien simple a donné naissance à
cette série de mots expressifs.

Cet exemple, et je pourrais en citer beaucoup
d'autres, cet exemple, dis-je, prouve que les Latins observaient la méthode de composition que
je recommande avec tant d'instances. Les Grecs
la pratiquaient également; et on a vu que les
Celtes, ce peuple antérieur aux Grecs et aux Latins,
procédaient de la même manière. Cette méthode
est si naturelle, si conforme à la raison, que l'o-
rigine en remonte aux siècles les plus reculés,
presque au berceau de la nature humaine. Il
s'agit donc simplement de ramener la science du
langage à ses vrais principes.

Les mots composés doivent aussi être envisagés
sous un aspect plus général. Tout homme qui a
réfléchi sur la nature du langage a dû se convaincre que ces mots sont une richesse précieuse
et inestimable. Ce sont eux qui forment le couronnement de l'édifice intellectuel; comme tous
les mots propres, ils rendent les langues ellip-

tiques, exactes et précises; car ils ne contiennent
que la quintessence des idées qu'ils représentent.
On en élague ordinairement toutes les superflui-
tés, tous les accessoires. Pour rendre ma pensée
d'une manière plus sensible, je comparerai l'opération intellectuelle qui préside à ces compositions sonores, aux procédés chimiques par lesquels
on extrait des corps les esprits qu'ils contiennent.
Comme ces principes, réduits à un faible volume,
possèdent des propriétés plus actives et plus efficaces que celles des corps qui les produisent; de
même aussi les mots composés, réduits à une
forme succincte, présentent à l'esprit des idées plus
claires et plus rationnelles, que lorsqu'elles sont
divisées en leurs parties élémentaires. Cette proposition peut paraître hypothétique, peu d'exemples suffiront pour en prouver l'exactitude.

Horloge, s. f. sensible, composé des mots grecs:
heure, je dis. Si nous étions privés de ce mot,
nous serions forcés d'y suppléer par cette phrase
longue et traînante : *machine qui marque et sonne
les heures.* Encore cette locution n'est-elle point
une définition exacte; car, outre les heures, toutes
les horloges marquent aussi les minutes, et il y en
a beaucoup qui marquent les secondes.

Bienfesance, s. f. abstrait, dérivé du mot composé latin *beneficentia.* Voici la phrase par laquelle
nous remplacerions ce mot, si nous en étions
privés : *inclination à faire du bien.* Comme ces
mots sont traînans! combien l'idée qu'ils représentent est complexe et diffuse, comparée à celle
que l'on exprime par le mot propre *bienfesance!*

Fideicomis, s. f. dérivé du composé latin *fidei-
commissum.* Ce mot équivaut à cette longue phrase:

*disposition d'un testateur qui charge son héritier de
rendre le bien ou partie des biens qu'il lui laisse dans
des cas et à des époques prévus.*

Horreur, s. f. dérivé du latin *horror*, qui est
composé des deux mots grecs, *avoir*, *peur*. Ce mot
abstrait est l'équivalent de cette longue phrase :
*mouvement de l'ame avec frémissement causé par
quelque chose d'affreux.*

Le seul objet d'une langue est de manifester la
pensée, de reproduire à l'extérieur les effets d'une
cause occulte : or, cette émanation divine et mys-
térieuse franchit dans un instant un espace considérable, embrasse simultanément les êtres et
leurs rapports. Il est essentiel que l'effet soit ap-
proprié à la cause pour que l'action de celle-ci
ne soit point ralentie et quelquefois arrêtée par
un obstacle insurmontable. Malheureusement,
nos moyens d'imitation sont trop imparfaits par
la disproportion immense qui existe entre nos
facultés physiques et nos facultés intellectuelles,
pour que nous puissions jamais atteindre à cette
perfection désirable.

CHAPITRE II.

Des particules négatives, réduplicatives, adversatives et déterminatives.

L'esprit, enveloppé dans la matière, fait des efforts continuels pour rompre les liens qui l'asservissent et qui en arrêtent l'essor. Dans l'impossibilité de briser ses entraves, il tâche d'approprier à sa nature, déliée et subtile, les élémens sonores indispensables à sa manifestation ; car les esprits ne se communiquent que par des intermédiaires. Ce besoin intellectuel a déterminé la formation des mots composés elliptiques, qui, équivalant à plusieurs voix élémentaires, sont plus en rapport avec la promptitude des actes de notre intelligence, que les élémens dont ils sont extraits.

D'autres moyens, également ingénieux, sont nés de ce besoin de brièveté et d'exactitude qu'ils tendent à satisfaire. L'un de ces moyens consiste en des particules abréviatives, auxquelles on attribue des propriétés importantes qui en déterminent l'usage.

La particule négative *in* a la propriété de faire passer les mots qu'elle précède et dont elle fait partie inhérente, à un sens diamétralement opposé au sens propre. Ce sont particulièrement les adjectifs qualificatifs qui sont susceptibles de revêtir cette forme négative. C'est aussi ce qui s'observe.

De *faillible*, qui peut faillir, on a fait *infaillible*, qui ne peut faillir.

De *corruptible*, sujet à corruption, on a fait *incorruptible*, qui n'est pas sujet à la corruption.

De *compréhensible*, concevable, intelligible, on a fait *incompréhensible*, qui ne peut être compris.

De *fini*, participe adjectif du verbe finir, on a fait *infini*, qui n'a point de bornes.

Une quantité considérable d'adjectifs revêtent cette forme, ainsi que plusieurs adverbes de manière qui en dérivent, et quelques substantifs et quelques verbes.

De *dignité*, s. abstrait, on a fait *indignité*, qualité de ce qui est indigne.

De *culture*, on a fait *inculture*; de *disposition*, *indisposition*; de *divisibilité*, *indivisibilité*, etc.

De *dignement*, adv., *indignement*; de *distinctement*, *indistinctement*; de *valider*, v. ac., *invalider*, etc.

La particule *im* remplace *in* en composition, lorsque les mots commencent par les lettres *b*, *m* et *p*. Ces mutations, imitées du latin, sont occasionnées par l'euphonie ; c'est en conséquence de cette règle que nous écrivons : immodeste au lieu de inmodeste, impatience au lieu d'inpatience, etc. Ces changemens de caractère n'occasionnent aucune différence dans la valeur conventionnelle de cette particule.

Presque tous les mots que j'ai cités, et presque tous ceux qui sont composés de cette manière, sont dérivés du latin. Cette langue, qui a été pour la nôtre une source abondante de richesses, nous a aussi légué des imperfections nombreuses.

En effet, puisque la valeur négative de cette

particule est bien connue et bien établie, pourquoi n'est-elle pas toujours employée dans un sens négatif? pourquoi ne suit-elle pas toujours une règle constante d'application comme la particule *non* qu'elle remplace ? Mais, loin de suivre à son égard cette règle simple et judicieuse, indiquée par la raison et par la nature, elle fait partie intégrante de plusieurs mots composés où elle a une signification affirmative, contraire à son essence. Par exemple, le mot impression n'est point négatif, et dans ce mot, la particule *im*, au lieu de nier l'effet de la pression, la confirme au contraire et y ajoute même une circonstance augmentative et déterminative. Nous allons encore recourir à l'analyse pour démontrer l'inconséquence du langage sous ce rapport.

Informer, v. a., avertir, instruire.

Composé de la particule négative *in* et du primitif *former*, donner l'être et la forme. Informer devrait donc désigner une action contraire à donner la forme, c'est-à-dire que ce verbe composé devrait signifier *ôter la forme*, ou *déformer*, et non point avertir, ni instruire ; car ces acceptions n'ont aucun rapport avec la composition de ce mot, qui dès-lors fait partie de cette monnaie de coquillon, sans valeur intrinsèque. Ces mots insolites sont nombreux, et il serait fastidieux d'en faire l'énumération ; il me suffit de les avoir signalés. Au reste, ces contradictions choquantes et ces inutilités préjudiciables proviennent d'une cause antérieure dont on ne peut atténuer les effets actuels.

Mais cette particule précieuse mérite une attention particulière ; car, quoiqu'on en ait déjà tiré un parti considérable, elle peut encore contribuer à enrichir notre langue.

Nous ne possédons aucun mot plus expressif ni plus intelligible que les nombreux composés où elle est employée selon sa nature. En effet, connaissant d'avance la signification précise de l'adjectif *attaquable*, le composé *inattaquable* présente à mon esprit une idée très-claire. Il en est de même de *indissoluble*, *indistinct*, etc.

Ainsi, tous les adjectifs qui n'ont point leurs opposés immédiats peuvent revêtir la forme négative, et nous en avons encore beaucoup qui sont dans ce cas. L'analogie nous indique ce moyen pour combler des lacunes qui rendent notre langue défectueuse et incomplète; moyen qui présente plusieurs avantages et obvie à tous les inconvéniens.

Et d'abord, c'est un grand avantage de pouvoir exprimer la non-existence d'une qualité ou une qualité opposée par le moyen des voix qui en expriment l'existence ou l'affirmation, augmentées seulement d'une particule initiale; de cette manière, aussi simple que naturelle, on peut enrichir notre langue avec ses propres élémens, et sans y causer aucune complication, aucune confusion.

D'une autre part, nous n'avons et ne pouvons avoir que très-peu d'adjectifs qui expriment des idées diamétralement opposées, hormis ceux qui sont formés de cette manière. Il est évident que *impudique* est directement opposé à *pudique*, *indivisible* à *divisible*, etc. Nous allons présentement désigner, d'une manière plus spéciale, quelques-uns des mots qui, n'ayant point d'opposés immédiats, doivent prendre cette forme.

Délicat, adj., fin, délié, agréable au goût ; au figuré, qui juge finement de ce qui concerne les sens ou l'esprit, difficile à contenter. On ne peut trouver dans notre langue l'opposé de cet adjectif. Il faudrait, pour cela, qu'on le revêtît de la forme négative *indélicat ;* alors on posséderait le mot propre pour exprimer toutes les acceptions contraires à celles que l'on attribue à *délicat.* C'est là le seul moyen de combler la lacune que je signale.

Il en est de même d'une très-grande quantité d'adjectifs, tels que irritable, jaloux, envieux, précieux, désirable, disputable, accablant, narratif, méthodique, sonore, etc.

RE, particule initiale réduplicative.

Jointe aux verbes transitifs, elle exprime un redoublement de l'action, et aux verbes intransitifs, un redoublement de l'état, comme dans ces mots : *Refaire, refondre, redormir, redire,* etc., qui équivalent à ces locutions : *Faire de nouveau, fondre de nouveau, dire une seconde fois.* Ainsi, elle a la propriété d'abréger le discours, et de le rendre plus expressif et plus rapide.

On conçoit que cette particule, d'une application si facile, est une acquisition précieuse pour notre langue. Il est fâcheux qu'on n'en ait pas tiré tout le parti qu'elle comporte, et qu'on ne l'ait pas toujours employée selon sa nature particulière. Ces irrégularités proviennent d'un vice originel ; il faut que nous subissions à cet égard la loi impérieuse de la nécessité.

Malheureusement, cette particule est initiale de plusieurs verbes auxquels elle n'imprime aucun caractère, tels que *réaliser,* composé de *ré,* particule réduplicative, et *aliser,* qui n'a aucun sens dans notre langue. Les verbes *récidiver*, *recevoir*, *rectifier*, *récriminer*, et beaucoup d'autres sont également insolites. Cette particule n'est qu'insignifiante dans les mots que j'ai cités; mais il y en a plusieurs où elle présente des contre-sens assez bizarres.

Répondre, v. a. et n., répartir à quelqu'un sur ce qu'il a dit, écrit ou demandé. Composé de la particule *ré* et du verbe *pondre*. Ainsi, ce verbe, d'après sa composition, devrait signifier *pondre de nouveau*, et non point *répartir* ni *répliquer*.

Répandre, v. a., verser une liqueur involontairement, verser volontairement son sang, des larmes, etc. Composé de la particule réduplicative *ré*, et du primitif *pandre*; le sens propre de ce mot devrait donc être *pendre de nouveau* et non pas *verser*.

Les verbes répéter, répartir, et quelques autres présentent des contre-sens aussi choquans; il en est de même de plusieurs substantifs et adjectifs qui proviennent des verbes.

Quoiqu'on n'ait pas tiré de cette particule abréviative tout le parti convenable, elle a été pour notre langue une source abondante de richesses, car on en a fait un grand nombre d'applications. Néanmoins, nous pouvons encore l'employer avantageusement pour donner la forme réduplicative à plusieurs verbes qui en sont susceptibles. Pourquoi ne dirait-on pas *redissimuler*, *redivertir*, etc., comme on dit *revenir*, *recopier*, *recourir*, *rebâtir*, etc.? Nous y sommes autorisés par l'analogie et engagés par le besoin de rendre notre langue elliptique, exacte et complète. Si nous avions les mots *redissimuler*, *redivertir* et tous les composés analogues dont on éprouve le besoin, nous ne serions point contraints d'employer des phrases traînantes pour exprimer des idées que nous manifesterions alors avec concision et exactitude; au lieu de dire *dissimuler de nouveau, divertir de nouveau*, nous dirions *redissimuler, redivertir*.

DE, particule initiale adversative, qui a la propriété de faire passer le verbe à un sens diamétralement opposé au sens propre, comme dans ces mots : *dédire, défaire, décomposer, déclouer*, etc., qui expriment des actions contraires à celles que l'on énonce par les primitifs *dire, faire, composer, clouer*. Cette combinaison est aussi simple que fertile en résultats.

Ces verbes composés et tous leurs analogues sont des expressions elliptiques qui équivalent à plusieurs élémens du discours; par exemple, *dédire* équivaut à cette locution : *désavouer quelqu'un de ce qu'il a dit ou fait pour nous. Défaire* équivaut à ces mots : *détruire ce qui est fait. Décomposer, séparer les parties dont un corps est composé. Déclouer, arracher les clous qui attachent quelque chose.* Ces verbes sont analytiques comme tous les mots qui ont été composés méthodiquement.

Défaire, v. a., composé de la particule adversative *dé*, et du verbe actif général *faire*. Je nomme ce verbe *général*, parce qu'il n'exprime point une action particulière comme partir, battre, courir, manger, etc., mais bien une action vague dont le sens n'est déterminé que par les circonstances du discours. Nous possédons plusieurs verbes qui présentent ce caractère, tels que rendre, devenir, etc. Mais *faire* est le verbe général par excellence. Les verbes généraux suppléent aux nombreux verbes spéciaux qui nous manquent. Je reviens au verbe *faire*, qui signifie plus particulièrement *créer, produire, former, fabriquer, composer, exécuter*, etc. Il a encore une foule d'acceptions. Le composé *défaire* présente à l'esprit un sens presque aussi général que celui de son primitif et absolument opposé. Il signifie particulièrement *détruire ce qui est fait*.

Cette particule initiale a été employée avec aussi peu de discernement que les précédentes; ce qui provient d'une cause que j'ai déjà indiquée. On a vu qu'elle forme des composés analytiques lorsqu'elle est employée selon sa nature; dans le cas contraire, elle en forme qui sont insolites, insignifians ou bizarres. En voici quelques exemples :

Démolir, v. a., abattre pièce à pièce un ouvrage d'architecture. Composé de la particule adversative *dé* et du verbe *mollir*, *devenir mou*. Démolir devrait donc, en raison de sa composition, signifier cesser d'être mou, c'est-à-dire, devenir ou rendre dur ou liquide; car *mou* est une qualité intermédiaire entre ces deux qualités extrêmes.

Dépêcher, v. a., expédier, faire promptement. Composé de la particule adversative *dé* et du verbe homonyme *pêcher*, prendre du poisson, et *pécher*, transgresser la loi divine. *Dépêcher* devrait donc signifier une action contraire à celle exprimée par l'une des acceptions du primitif, et non point expédier, qui n'a aucun rapport avec la composition de ce mot.

Nous sommes présentement assez familiarisés avec le mécanisme des mots, pour discerner au premier aspect leurs qualités et leurs imperfections relatives. Cette considération me détermine à réduire graduellement le nombre des applications

démonstratives, qui deviennent fastidieuses, lorsqu'elles cessent d'être nécessaires.

La particule adversative dont je m'occupe,
comme les particules négatives et réduplicatives
qui précèdent, a rendu des services importans à
la langue française ; nous avons déjà remarque
qu'elle tient lieu d'une phrase assez longue, et
qu'ainsi elle facilite la prompte émission de la
pensée. En effet, si nous étions privés du verbe
composé *défaire*, nous y suppléerions par cette
locution : *détruire ce qui est fait*. De même que si
nous n'avions pas le verbe *décomposer*, nous y suppléerions par ces mots : *Séparer les parties dont un
corps est composé.* Que l'on compare la prolixité et
la diffusion de ces périphrases avec la brièveté et
l'exactitude des verbes composés dont il s'agit, et
l'on appréciera l'importance de ces mots.

Nous pouvons encore utiliser cette particule,
car il y a plusieurs verbes qui n'ont point revêtu
la forme adversative et qui sont susceptibles de la
prendre. Par exemple, pourquoi ne dirait-on pas
désassujettir (le *s* euphonique serait indispensable
pour soutenir la voix)? pourquoi, dis-je, ne dirait-on pas *désassujettir*, comme l'on dit *dessaisir*?
On ne peut alléguer aucune raison plausible contre
cette composition, qui serait conforme au génie
de la langue et qui aurait l'avantage d'être plus
laconique et plus exacte que cette locution : *faire
cesser l'assujettissement.* Du primitif *ceindre*, on
pourrait composer *déceindre*; de *barricader*, on ferait le composé *débarricader*, *ôter les barricades*, etc.
On pourrait imposer cette forme à une infinité
d'autres verbes.

La particule *dis*, d'un usage moins étendu,

possède les mêmes propriétés que la précédente, dans les mots composés où elle produit un effet conforme à sa nature, tels que ceux-ci : *disjoindre, disgracier, disproportionner,* etc. Tous ces verbes expriment des actions opposées à celles que l'on énonce par leurs primitifs. *Disjoindre* signifie *séparer ce qui est joint ; disgracier, priver quelqu'un de ses bonnes graces.* Tous ces mots sont des expressions elliptiques qui abrègent le discours.

Notre particule initiale *en* est aussi un élément précieux du langage ; cependant elle est quelquefois explétive en composition, comme dans ces mots : *endommager, enchaîner ;* car elle n'y exprime aucune circonstance qui n'eût été rendue par les mots plus simples : *dommager* et *chaîner,* s'ils avaient existé. Mais, dans *enclouer,* elle ajoute au verbe *clouer* une idée accessoire qui en détermine et qui en restreint la signification ; *clouer* exprime en général l'idée, *attacher avec des clous,* et *enclouer* exprime l'idée particulière, *piquer avec un clou, jusqu'au vif, un cheval qu'on ferre. Entailler* détermine le sens général de *tailler* à la signification particulière de *creuser une pièce de bois, en sorte qu'un autre puisse s'y emboîter.* Ainsi, lorsque cette particule initiale n'est point explétive, elle équivaut à plusieurs élémens du discours.

Quelques autres particules prépositives ont exercé une influence favorable sur la formation des mots composés et particulièrement des mots abstraits de notre langue ; mais elles ne sont guère susceptibles d'entrer en de nouvelles compositions ; c'est pour cela que je m'abstiens de les indiquer et d'en déterminer la nature.

Nous allons résumer succinctement les avan-

tages immenses qui découlent des particules *in*,
de et *re*. A cet effet, nous les envisagerons sous le
triple rapport de la brièveté, de l'exactitude et de
l'euphonie. Ce sont là les trois besoins principaux
qu'il importe de satisfaire autant que notre organisation imparfaite nous le permet.

Les exemples que j'ai donnés, et les réflexions
qui les accompagnent, ont démontré jusqu'à l'é-
vidence que toutes ces particules abrègent le discours et satisfont, au moins imparfaitement, au
besoin le plus impérieux de l'intelligence, en facilitant l'émission de la pensée avec cette promptitude essentielle à sa nature. J'ai l'intime conviction que nos organes sont trop défectueux pour
que nous puissions établir un équilibre désirable
entre la conception et l'émission de nos idées.
Néanmoins, tous nos efforts doivent tendre avec
discernement et persévérance vers cette perfection
absolue, afin de nous en approcher le plus possible.

Pour ce qui concerne l'exactitude, chaque
langue possède plus ou moins cette qualité en
raison des mots propres (1) qu'elle contient. Les

(1) Tous les mots sont à la rigueur des mots propres, puisqu'ils ont tous la propriété de représenter des idées, et que la
non existence d'un mot empêcherait d'émettre directement l'idée
dont il est l'image, et occasionnerait des longueurs dans la manifestation de la pensée. Mais, outre que les mots composés
possèdent cette qualité générale à un degré supérieur, ceux-ci
ont encore la propriété particulière de qualifier, de caractériser
ou de définir les êtres, ou, au moins, de les désigner à l'intelligence par quelques idées déterminatives. Tels étaient originairement l'objet et l'effet de ces compositions. Je vais encore en
citer un exemple. Avant que les Celtes n'eussent formé le com-

mots elliptiques sont des mots propres par excellence ; car, par leur moyen, on réduit la forme aux élémens indispensables pour manifester les idées. Ainsi ces mots présentent implicitement à l'esprit beaucoup plus d'élémens sonores qu'ils n'en contiennent explicitement. On a vu que les particules initiales ont cette propriété importante ; et il est évident que le français deviendrait plus exact et plus précis si l'on tirait de ces particules tout le parti qu'elles comportent.

Presque tous les verbes peuvent revêtir les formes *dé* et *ré* et acquérir plusieurs significations différentes, et d'autant plus intelligibles que le primitif servirait toujours de type aux idées secondaires qui en proviendraient.

C'est ainsi que le verbe général *faire* sert de type aux composés *défaire* et *refaire*, que *dire* est la type des composés *dédire* et *redire*. Il en est de

posé *dremguel* pour nommer l'horizon, ils étaient obligés d'employer plusieurs élémens pour exprimer cette idée sensible. A cet effet, ils se servaient nécessairement de cette phrase, ou de quelques phrases semblables : *l'endroit où se termine notre vue*, ou *l'endroit où le ciel et la terre semblent se toucher* ; car le mot horizon tient lieu de toutes les idées représentées par ces mots.

Le mot *dremguel*, horizon, fut formé avec beaucoup de discernement, ainsi que presque tous les composés des langues antiques. Ce mot est formé de *drem*, regard, et de *guel*, vue ; à la lettre, *regard-vue*. Cette expression est une définition assez exacte : l'horizon visuel est relatif à l'observateur ; c'est le point où sa *vue* s'arrête quand il *regarde* avec attention. Ainsi, cette idée, qui est essentiellement visible, réunit les deux idées visibles par excellence ; *voir* est un effet de notre organisation ; *regarder* est un acte de la volonté qui a pour moyen les organes de la vue.

même de la particule *in*. Toujours le primitif sert de type au composé. *Crédule* est le type d'*incrédule*, *faillible* de *infaillible*.

Beaucoup de substantifs et d'adjectifs dérivent de ces verbes composés : le verbe *désobéir* est le générateur du substantif *désobéissance* et de l'adjectif *désobéissant*. Du verbe *désobliger* sont dérivés *désobligeant* et *désobligeance*.

Les nouvelles compositions ne seraient pas moins fertiles que les anciennes ; car, en créant les verbes composés dont le besoin se fera sentir, lorsqu'on aura acquis les notions indispensables pour en connaître la contexture et en apprécier l'utilité, on occasionnera la création subséquente d'adjectifs, de substantifs et de quelques adverbes, en raison des différentes manières dont on pourra envisager les résultats des actions exprimées par ces mots, les modifications que les idées peuvent subir, les différens aspects sous lesquels on peut les considérer.

L'harmonie est une condition secondaire, parce qu'elle ne satisfait qu'un besoin physique ; mais, chez tous les peuples organisés avantageusement, elle exerce une influence immédiate sur la forme du langage ; considérée sous ce rapport, la fréquente répétition des voix *in*, *dé* et *ré* produirait un effet euphonique très-agréable. Pour s'en convaincre, il suffit de se rappeler les voix qu'elles remplacent. La voix sonore *in* tient lieu ordinairement des mots : *qui ne peut être*, *qu'on ne peut*, ou *qui n'est pas*. La voix *ré*, d'une émission si agréable, remplace ordinairement les mots assez durs : *de nouveau*, *une seconde fois*. *Dé* remplace des mots plus nombreux et plus divers.

3

CHAPITRE III.

Des Genres.

L'auteur de la nature a établi une loi immuable qui préside à la propagation et à la perpétuation de toutes les espèces du règne animal. Cette loi consiste en la division de chaque espèce en deux sexes, et sert de base à la division correspondante des substantifs en deux genres. C'est donc en observant la nature que l'on a formé ces deux grandes divisions de tous les êtres animés, mais elles n'existent ordinairement que dans la pensée, et non dans l'expression vocale des images sonores.

Pour qu'une langue fût régulière sous ce rapport, il faudrait que le féminin dérivât toujours du masculin. Nous avons quelques noms pour lesquels on a observé cette règle judicieuse : *chatte* dérive de *chat*, *lionne* de *lion*, *linote* de *linot*, etc. Cette dernière dérivation est la plus simple, parce qu'elle consiste uniquement dans l'adjonction de la lettre *e* au primitif *linot* pour former le féminin *linote*, tandis que l'on double la consonne finale de beaucoup de noms féminins dérivés régulièrement, qui prennent aussi l'*e* générique.

Néanmoins, malgré l'irrégularité du français, la désinence *e* est la marque la plus commune du genre féminin. Il est fâcheux que cette règle ne soit point générale, car elle satisferait à trois conditions importantes du langage, qui sont la clarté, l'exactitude et la simplicité. Mais malheureusement le génie de notre langue ne se prête point à une combinaison si simple, et tous les efforts que l'on ferait pour la régulariser dans ce sens, aboutiraient à y introduire quelques améliorations partielles sans importance. Par exemple, on est convenu que le substantif abstrait *vertu* est du genre féminin; si l'on avait observé là règle générale, on aurait ajouté un *e* final féminin à ce mot; considérée comme signe visible de l'idée accessoire, cette terminaison aurait été plus régulière, mais comme signe sonore, et eu égard à notre prononciation, cet *e* féminin n'y produirait aucun effet; car, ne déterminant aucune inflexion vocale, il ne serait point sensible au sens auditif. D'une autre part, notre langue a été formée avec si peu de méthode, que beaucoup de substantifs masculins sont terminés par l'*e* féminin, ce qui forme un obstacle difficile à surmonter.

Il existe beaucoup d'espèces d'animaux qui n'ont qu'un seul genre pour désigner le mâle et la femelle. Presque tous les poissons et plusieurs animaux terrestres sont dans ce cas. Cependant, puisque la nature a établi les deux divisions sexuelles, on aurait dû les exprimer, par la voix, dans toute leur étendue, afin de pouvoir indiquer, avec précision et exactitude, toutes les circonstances qui concernent les êtres, ce qui les distingue et les caractérise. En signalant cette lacune défectueuse, je reconnais qu'on ne peut la combler.

Il n'y a rien de plus philosophique dans le langage que la classification des êtres animés en deux grandes catégories; mais aussi, rien n'est plus contraire à la raison que d'attribuer des genres aux substances inertes et aux êtres abstraits, et métaphysiques. Pour satisfaire aux exigences d'une raison éclairée par l'observation la plus superficielle de la nature, il faudrait que tous les substantifs fussent divisés en trois catégories correspondantes aux trois états physiologiques de tout ce qui existe. On aurait alors le genre masculin pour le premier sexe, le genre féminin pour le second, et une classe de noms neutres qui comprendrait tous les objets inanimés et tous les êtres de raison.

Un fait très-remarquable concernant les genres, c'est que les peuples ont diversement considéré cette qualité dans les êtres, sans qu'on puisse indiquer la cause d'un effet si important : il y a des peuples qui ont rejeté toute distinction de genre, les Anglais sont de ce nombre; d'autres, tels que les Latins, ont divisé leurs noms en trois classes, masculin, féminin et neutre; d'autres, enfin, qui n'en ont formé que deux; les seconds seuls ont observé les divisions tracées par la nature.

Quant aux adjectifs, aux pronoms et aux articles, on serait dans l'erreur si l'on croyait qu'ils ont des genres; seulement ils ont la propriété de revêtir les formes convenables pour qualifier, remplacer ou déterminer les noms substantifs, et pour s'unir plus intimement avec eux. En effet, les rapports sont exprimés d'une manière plus sensible par l'accord des idées accessoires avec l'idée principale. En consultant la nature, on sentira que, pour avoir un genre, même fictivement, il faut posséder une existence physique ou morale. Or, une qualité n'a d'existence réelle que dans les substances qui la possèdent; pour s'en convaincre, il suffit d'articuler le titre sonore d'une qualité quelconque, et d'examiner l'impression que cette voix produit en notre entendement. Par exemple, la voix *chaud* ne présente à notre esprit qu'une idée vague, qu'une modification sans objet; il en est de même des articles *le*, *la*, etc., des pronoms *eux*, *elles*, etc. Toutes ces voix sont de nulle valeur lorsqu'on les prononce isolément, lorsqu'elles ne se rapportent pas à quelque chose qui existe, ou que l'esprit considère comme existant.

Il est probable que, dans les langues primitives, ces mots ne s'accordaient ni en genre ni en nombre avec les noms de substances; c'est ce qui se pratique encore dans la langue antique des Celtes, qui, dans ma conviction du moins, touche au berceau de la nature humaine, car elle porte l'empreinte évidente de son originalité et de son antériorité.

La vraie philosophie ne consiste point dans l'application rigoureuse de principes absolus, quelque fondés qu'ils soient. Après avoir démontré que la nature présente à l'observateur le type de trois classes de substantifs, je reconnais que la division en deux genres que nous avons adoptée, quoique arbitraire, contribue puissamment à la clarté de notre langue, en nous évitant beaucoup d'équivoques et de longueurs, en facilitant et en simplifiant l'application des règles de concordance, qui établissent une affinité nécessaire entre les voix principales et accessoires qui concourent à la manifestation des mêmes idées. Je conjecture que c'est pour satisfaire au besoin de la clarté, conformément au génie de notre langue, qu'on a établi les deux divisions génériques.

Puisque nous avons admis que tous les substantifs sont masculins ou féminins, pourquoi conserverions-nous à quelques-uns seulement le privilége d'être des deux genres? La raison exige que
tous les élémens du discours, comme toutes les
institutions sociales, soient ramenés au principe
d'une unité rigoureuse qui exclut toutes les exceptions et tous les priviléges; car, de même que,
dans la société, les mêmes classes doivent être
assujéties aux mêmes devoirs et jouir des mêmes
droits, de même aussi, chaque élément du discours doit être régi par des règles communes et
uniformes. Cette loi générale découle de la nature,
et la raison ne sera satisfaite que quand elle sera
ponctuellement observée.

C'est donc à tort que l'usage a établi et que les
grammairiens ont proclamé que le substantif pluriel *gens* est masculin lorsqu'il est suivi d'un adjectif, et qu'il est féminin lorsque l'adjectif le
précède. Rien ne justifie cette exception. En effet,
un substantif est un mot immuable, et il suffit de
posséder les plus simples notions pour savoir qu'un
adjectif qui n'exprime qu'une qualité dépendante
et relative, ne peut en changer la nature, quelle
que soit la situation respective des deux mots.

Orgue est masculin au singulier, et féminin au
pluriel; le motif de ce double genre est aussi
puéril que celui qui précède; car la pluralité est
une idée accessoire qui ne peut influer sur la
nature de l'idée principale, non plus que la qualité, qui n'est qu'un accident.

Personne est féminin lorsqu'il signifie un homme
ou une femme; il est masculin quand il peut
être remplacé par les mots *nul, qui que ce soit*. Cette

distinction est aussi abusive que celles que j'ai signalées; car, dans ces deux cas, le mot *personne*
présente à l'esprit une idée non-seulement analogue, mais parfaitement identique. Il s'agit toujours d'un individu de l'espèce humaine, dans le
sens négatif comme dans le sens affirmatif.

Période est féminin lorsqu'il désigne la révolu-
tion régulière d'un astre, d'une fièvre, etc., mais
il est masculin quand il signifie un espace de temps
vague, et lorsque, employé méthaphoriquement,
il désigne le point le plus élevé où une chose
puisse parvenir. Distinction abusive, complication
inutile. En effet, ce mot présente toujours à l'esprit une idée analogue. Une période est un espace
de temps déterminé ou indéterminé, ou une époque ou une situation qui résulte de la durée de la
période.

Nous avons encore beaucoup de mots qui sont
entachés de cette espèce d'hermaphrodisme. Mons-
truosité morale qu'on doit se hâter de faire dispa-
raître de la langue d'un peuple intelligent et éclairé.
Ces imperfections et beaucoup d'autres nous ont
été léguées par des siècles d'ignorance, et, quoiqu'elles aient traversé des temps de lumières, nous
ne devons point différer d'en faire justice; nous en
avons le droit et le devoir. Voici des principes
propres à le démontrer.

Toute substance est immuable, puisqu'elle ne
peut changer de nature qu'en cessant d'être,
d'exister.

Les qualités sont des accidens qui ne peuvent
influer sur la nature des substances.

La pluralité n'est point un être; ce n'est qu'un
acte de l'esprit.

Le sens métaphorique est une allusion au sens propre, et ne peut changer le genre de *l'image figure* de l'idée.

Il résulte de ces principes, que je crois incontestables, qu'un substantif étant un mot absolu comme la substance physique ou l'être abstrait qu'il représente, ne peut changer de genre, quels que soient les adjectifs qui s'y rapportent, les nombres que l'on considère, le sens propre ou figuré dans lequel on l'emploie, et, enfin, quelles que soient les acceptions analogiques qu'on lui attribue. En agissant autrement, on intervertit les notions les plus simples du sens commun.

Mais il ne faudrait pas confondre les homonymes avec les acceptions analogiques; car on m'attribuerait une grave erreur qui est loin de ma pensée. Sous tel aspect que l'on envisage le français, on a toujours lieu d'y remarquer quelques défectuosités matérielles, résultant du défaut de méthode dans la formation de cette langue. Nous avons des mots qui ont le privilége abusif de représenter plusieurs êtres différens, qui n'ont entre eux aucun rapport, aucune similitude. Il convient que ces voix à double mission aient deux genres, un pour chaque substance qu'elles représentent, afin d'obvier, autant que possible, à l'inconvénient des homonymes. C'est donc avec raison que le mot *vase* a deux genres; il est masculin quand il signifie un vaisseau propre à contenir quelques liquides, et il est féminin lorsqu'il signifie la bourbe qui est au fond des ruisseaux, des marais, etc. Cette distinction judicieuse émane de la double nature de cette voix. Mais hors le cas d'homonymie, c'est un abus d'attribuer deux genres au même substantif; abus d'autant plus répréhensible, qu'il occasionne des exceptions qui rendent plus difficile l'application des règles de concordance.

———

CHAPITRE IV.

Des nombres.

Depuis les vastes corps lumineux disséminés dans l'espace incommensurable par une volonté toute puissante, jusqu'aux atômes imperceptibles qui forment l'extrémité inférieure de l'échelle immense des êtres, toute la nature consiste en individus. C'est par le pouvoir de l'affinité, par un acte purement intellectuel, que nous concevons la pluralité, acte qui a pour base matérielle les rapports de conformité et de convenance.

Quoique la pluralité ne soit point un être, elle est la conséquence de notre organisation. Nous avons la faculté de réunir dans notre esprit plusieurs êtres, en fesant abstraction des qualités particulières des individus, pour ne considérer que ce qu'ils ont de commun; de là, la nécessité d'exprimer par la voix la modification de l'idée d'individualité pour rendre l'idée de pluralité. Mais, comme la plupart des noms de notre langue n'ont point de désinence sonore pour exprimer cette idée accessoire, il a fallu y suppléer par les particules que nous nommons articles, dont les fonctions consistent à indiquer le nombre et le genre des noms, et à en déterminer l'étendue. Ces particules déterminatives précèdent les noms et leur servent d'auxiliaire; le besoin de la clarté a commandé cet ordre.

Le manque d'inflexions sonores pour dériver imm-médiatement le pluriel du singulier, selon l'ordre de conception, a forcé de recourir à des signes visibles qui sont, en effet, les signes et non l'expression de cette idée accessoire. Quant à la langue orale, elle serait souvent impuissante pour rendre cette vue de l'esprit sans le secours des articles. Par exemple, que je prononce *homme* au singulier, ou *hommes* au pluriel, cette voix n'éprouve aucune modification sensible; il en est de même des noms *femme*, *fille*, *maison*, *arbre*, *plante*, *pierre*, *étoile*, etc., qui se prononcent de la même manière au pluriel comme au singulier. Ainsi, on ne pourrait discerner de quel nombre seraient ces substantifs, si on les prononçait isolément.

Néanmoins, nous avons quelques noms qui ont une désinence sonore pour représenter l'idée de pluralité, tels que : *le mal*, *les maux*, *le cheval*, *les chevaux*, *un général*, *des généraux*, *un caporal*, *des caporaux*, etc. Ce mécanisme est très-simple et produit un effet très-intelligible.

Notre règle générale pour la formation du pluriel est parfaitement assortie au génie de notre langue; elle est simple, judicieuse et d'une application facile. Le caractère *s* est la marque conventionnelle de l'idée accessoire de pluralité. Ce caractère, par sa forme sinueuse, est l'emblème convenable de l'acte de l'intelligence dont il est le signe visible. Mais, malheureusement, cette règle générale a de nombreuses et de bizarres exceptions.

Plusieurs personnes, intelligentes et instruites, ont senti le besoin de réduire les exceptions qui existent encore concernant la formation du pluriel. M. de Wailly avait particulièrement insisté pour

tâcher d'obtenir que l'aveugle routine fît cette
concession au bon sens. Récemment encore, M.
Letellier a manifesté le même désir, en alléguant
le même motif. Ce besoin est généralement senti
par la plupart des personnes qui se livrent à l'é-
tude de notre langue; mais jusqu'ici l'usage a
prévalu contre les raisons les mieux fondées.
J'espère que les circonstances sont maintenant
plus favorables; dans cette persuasion, je ne
m'arrêterai point à quelques améliorations partielles; mais je proposerai hardiment de rejeter
toutes les exceptions, en admettant que la
marque du pluriel sera toujours, et dans toutes
les circonstances, le caractère final *s*. Cette sim-
plification importante, que la raison réclame,
serait une amélioration sensible.

Ainsi, on substituerait le caractère *s* au caractère *x* comme signe de pluralité. Nous écririons
en conséquence : *des généraus, des caporaus, des
amiraus, des coraus, des chevaus, des anneaus, des
cheveus, des vœus*, etc.

Nous remarquerons que la marque conventionnelle du pluriel est parfaitement inutile pour
les mots qui ont une inflexion spéciale pour exprimer cette idée accessoire. Cependant je crois
qu'il serait convenable de la conserver pour que
la règle générale n'ait aucune exception. Que les
noms *généraus, amiraus,* etc., soient écrits avec ou
sans signe de pluriel, peu importe; car l'idée de
pluralité y est explicitement exprimée.

Dans une langue bien faite, l'idée de pluralité
serait toujours rendue d'une manière sensible par
une désinence sonore ajoutée au singulier, ou par
une modification quelconque de ce nombre. Il

semble que la nature inspira ce moyen aux premières générations, car c'est de cette manière que
se forma le pluriel dans la langue antique des
Celtes. On dit : *tad*, père, *tadou*, des pères; *mam*,
mère, *mamou*, des mères; *mab*, fils, *mabou*, des
fils ; *douar*, terre, *douarou*, des terres; *stéren*,
étoile, *stérenou*, des étoiles; *men*, pierre, *mein*,
des pierres; *pesk*, poisson, *pesked*, des poissons; etc.

Nous allons présentement indiquer les exceptions à la règle générale du pluriel et examiner
les motifs qui les ont occasionnées.

Première exception. Les noms terminés par *s* ou *x*
au singulier sont invariables.

Motif. La forme primitive étant semblable à la
forme secondaire, on a cru qu'on ne pouvait imprimer à celle-là aucune modification. Ce motif
est plausible.

Seconde exception. Les noms composés dont les
élémens ne sont pas intimement unis, ont des
règles particulières selon la nature des voix partielles qui forment chaque composé.

Motif. On a voulu conserver à chaque élément
du discours son caractère propre.

Troisième exception. Plusieurs noms dérivés des
langues étrangères ne prennent point la marque
du pluriel.

Motif. On a cru que ces noms d'origines étrangères ne devaient point être assujétis à la règle
commune.

Tous ces motifs sont erronés ou futiles ; c'est ce
que je me propose de démontrer.

Puisque nous avons admis que le caractère *s* ou
le caractère *x*, placé à la fin d'un mot, est le signe
visible de l'opération intellectuelle par laquelle

nous réunissons plusieurs objets sous un point de
vue commun, pourquoi conserverions-nous le
même signe, lorsque nous ne considérons que
l'unité, que l'individualité ? C'est une contradiction manifeste qu'on doit se hâter de faire dispa-
raître. Voici quelques exemples de ces mots à
terminaisons équivoques et immuables : le *lis*, la
voix, un *abus*, un *tiers*, un *poids*, etc.

Je remarque que les deux premières voix et la
cinquième sont homonymes. La première *li* est le
titre sonore de trois substances : *li*, que l'on écrit
lit, meuble ; *li*, que l'on écrit *lie*, a deux acceptions. Ce mot signifie, au sens propre, ce qu'il y
a de plus grossier dans une liqueur, et, au figuré,
la plus basse populace. *Li*, que l'on écrit *lis*, fleur.
Le mot *voix* est aussi homonyme ; il représente
deux substances : *voi*, que l'on écrit *voix*, son qui
sort de la bouche ; et *voi*, que l'on écrit *voie*,
chemin, route. Le mot *void* représente aussi deux
substances : *poids* (pondus), pesanteur ; et *pois*
(pisum), plante légumineuse.

Il est probable qu'on a voulu éviter les équivoques en donnant différentes terminaisons à ces
homonymes, en raison des objets divers qu'ils
représentent ; mais, comme tous les noms qui of-
frent cette irrégularité ne sont point atteints du
vice d'homonymie, tels que abus, tiers, etc., il
faut qu'une autre cause ait contribué à introduire
cette forme dans notre langue. En effet, ces mots,
et presque tous ceux qui leur ressemblent, sont
dérivés du latin ; et, sans égard aux génies différens des deux langues, on a conservé les finales
latines aux mots français ; cependant, on aurait
dû remarquer que ces lettres, qui se prononcent

en latin, sont muettes dans les dérivés français ;
que dès-lors elles y sont superflues et abusives :
superflues, parce qu'elles ne déterminent aucune
inflexion de la voix ; abusives, parce qu'elles ont
été des obstacles qu'on a cru insurmontables à
l'application de la règle du pluriel, et parce qu'elles
compliquent, d'un caractère inutile, les signes visibles de nos idées.

Mais, quelles que soient les causes de cet effet
désordonné, nous ne devons pas y avoir égard.
Nous donnerons à ces mots exceptionnels la forme
du singulier, en supprimant l's final qu'ils prennent abusivement à ce nombre; alors ils entreront
dans la règle commune, et ils cesseront d'être des
signes équivoques des idées accessoires de pluralité et d'individualité. Nous écrirons en conséquence : un li (fleur), des lis ; un fil (*filius*), des
fils ; une voi (*vox*), des voix ; un abu, des abus;
un tier, des tiers; un poid (*pondus*), des poids,
etc. Je pense que cette solution est si naturelle,
si simple et si facile, qu'elle sera sanctionnée par
toutes les personnes qui sentent le besoin de régulariser la première et la plus importante de nos
institutions.

Une difficulté plus compliquée et plus difficile
à résoudre, concerne les noms composés provisoires.

Dans le chapitre des mots composés, je me suis
particulièrement attaché à établir que les mots
dont les élémens sont séparés par des traits d'u-
nion doivent être définitivement constitués, en
réunissant intimement toutes les voix partielles
qui forment chaque composé. L'adoption de cette
mesure résoudrait toutes les difficultés qui nais-

sent de ces compositions imparfaites, dont il
semble qu'on ignore la nature. Je l'ai déjà dit et
je le répète, ces noms sont de vrais substantifs
communs présentant à notre esprit les idées vocales et visibles d'êtres de nature ou de raison,
comme les autres substantifs. Je ne sais si mes
argumens auront eu le pouvoir de convaincre ou
de persuader mes lecteurs ; je ne sais s'il me reste
encore quelques préventions à vaincre, quelques
préjugés à combattre ; mais je ne saurais que reproduire mes premiers raisonnemens.

Nous devons un juste tribut de reconnaissance
aux savans laborieux qui ont consacré leurs loisirs
à l'étude de notre langue, qui était originairement, comme je l'ai déjà dit, un dédale inextricable. Cette étude présentait d'autant plus de
difficultés, que toutes les personnes qui s'y livrè-
rent d'abord étaient imbues de préjugés. Ce ne
fut que graduellement, et après des discussions
lumineuses et profondes, que l'on comprit enfin
le génie particulier du français, et qu'on en dé-
duisit les lois qui le régissent. Mais nos savans se
sont plus occupés de la métaphysique du langage,
que de la forme des idées ; c'est ce qui occasionne
cette sorte de confusion qui règne encore dans
notre langue sous ce rapport. Cependant l'ordre
intellectuel doit être manifesté par l'ordre matériel
correspondant. Nos grammairiens satisfaits d'avoir
prescrit quelques règles principales, bornèrent là
leurs préceptes et leurs investigations, et sanc-
tionnèrent les usages, sans s'enquérir s'ils étaient
raisonnables.

Voici les règles exceptionnelles concernant les

noms composés. Je les extrais de la grammaire de
M. Letellier, 4ᵉ édition.

« Quand un nom est composé de deux substan-
» tifs, ils prennent tous deux la marque du pluriel.
» Exemple : un chef-lieu, des chefs-lieux. »

Remarque. Je vois, dans mon vocabulaire, que
chef-lieu est un substantif du genre masculin.
Comment se fait-il qu'un soit deux, c'est-à-dire,
qu'un nom qui représente une idée unique,
absolue, indépendante, soit divisé en deux parties,
et reçoive deux fois la marque du pluriel? C'est un
contre-sens choquant. Eclairés sur la nature de
ce mot, et de tous ceux qui lui ressemblent, nous
les écrirons sans les diviser, et nous ne leur accor-
derons qu'une seule marque de pluralité, comme
aux autres noms. Nous écrirons en conséquence :
un *cheflieu*, des *cheflieux*, etc.

« Si le nom est composé de deux substantifs unis
» par une préposition, on ne met la marque du
» pluriel qu'au premier des deux substantifs.
» Exemples : un *arc-en-ciel*, des *arcs-en-ciel*, un
» *bec-de-corbin*, des *becs-de-corbin*, un *chef-d'œu-*
» *vre*, des *chefs-d'œuvre*, un *bout-d'aile*, des *bouts-*
» *d'aile*, etc. »

Remarque. Toutes ces règles sont erronées, parce
qu'elles sont toutes basées sur un principe faux et
exceptionnel. Cette dernière est opposée à toutes
les règles et contraire à toutes les notions. Ici la
marque de l'idée accessoire est centrale au lieu
d'être finale. Quelle irrégularité de formes! quelle
confusion d'idées! Il est incontestable que ces
noms sont des substantifs communs, qu'ils présentent à notre esprit des idées aussi simples que
les autres substantifs de cette espèce. Ainsi, n'hé-

4

sitons pas à les constituer, et à les assujétir à la règle générale. Nous devons donc écrire : un *arcenciel*, des *arcenciels*, un *becdecorbin*, des *becdecorbins*, un *chefdœuvre*, des *chefdœuvres*, etc.

Si le nom est composé d'un substantif joint à un verbe ou à une préposition, le substantif seul se met au pluriel. Exemples : un *abat-jour*, des *abat-jours*, un *boute-feu*, des *boute-feux*, un *passeport*, des *passe-ports*, un *perce-lettre*, des *perce-lettres*, un *avant-coureur*, des *avant-coureurs*, un *avant-pêche*, des *avant-pêches*, une *contre-danse*, des *contre-danses*, etc.

Remarque. Quoique les législateurs de notre langue ignorassent parfaitement la nature de ces derniers noms, le hasard a voulu que la règle qu'ils prescrivent de leur appliquer soit approuvée par la raison. En effet, ces mots étant de vrais substantifs communs, doivent prendre la marque finale du pluriel. Reste à les constituer définitivement, en supprimant ce tiret qui les maintient dans une situation exceptionnelle. Nous devons donc écrire : un *abatjour*, des *abatjours*, un *passeport*, des *passeports*, etc.

« Le substantif passe-partout, composé d'un » verbe et d'un adverbe, ne prend point la mar- » que du pluriel. Un passe-partout, des passe-par- » tout. »

M. Jégou confirme cette règle en ces termes : « Les noms composés d'un verbe et d'une préposi- » tion ou d'un adverbe sont invariables, des passe » partout, des passe avant. »

Toutes ces distinctions sont abusives et frivoles, et décèlent une ignorance complète de la nature du langage. Que l'on ne pense point que je

veuille déverser le blâme sur les auteurs que j'ai
cités, ni sur aucun de nos grammairiens. Je
reconnais, au contraire, que nous leur devons de
la reconnaissance pour leurs utiles travaux. Un
grammairien inscrit les lois de l'usage, comme
un légiste les lois positives. Ni l'un ni l'autre
ne peuvent être responsables des défectuosités
que ces lois contiennent. C'est aux philosophes
et aux législateurs à connaître la nature de nos
institutions pour les régulariser, à connaître nos
besoins pour les satisfaire.

 Un nom, quels qu'en soient les élémens, est
toujours l'image sonore ou visible d'une idée
représentant un objet sensible ou un être de
raison. Peu importe les voix qui le forment,
seraient-elles des interjections, ou des onoma-
topées, elles deviennent la représentation d'un
être, d'une substance. Ainsi, qu'un nom composé
soit formé de substantifs, d'adjectifs, de prépositions, de verbes ou d'adverbes, cela est parfaitement indifférent ; car tous les mots partiels qui
entrent en composition, dépouillent leurs natures
propres pour revêtir en commun le caractère de
substantif. Dès-lors, ils ne sont plus ni verbes, ni
adverbes, ni prépositions ; ils deviennent les élémens constitutifs d'un nom, et, en cette qualité,
ils doivent contracter une alliance intime et être
passibles des règles de concordance.

 Nous avons déjà remarqué que tous les noms
composés ont été formés par la réunion de mots
partiels originairement significatifs ; que cette
méthode est la conséquence de nos facultés ;
qu'elle a été pratiquée dans les langues primitives, comme dans les langues dérivées, an-

ciennes et modernes. Mais ce que nous n'avons pas encore observé, et qui est digne de remarque, c'est que nous avons beaucoup de mots dont plusieurs sont assez récens, qui, formés d'élémens divers, sont définitivement constitués par l'union intime de toutes les voix partielles. Voici quelques exemples qui confirment cette assertion : *parapluie*, substantif masculin sensible, composé du verbe *parer*, de la préposition *à*, et du substantif *pluie*. *Paravent*, substantif masculin, composé du verbe *parer*, de la préposition *à* et du substantif *vent*. *Parasol*, substantif masculin, mot hybride, formé du verbe *parer*, de la préposition *à* et du substantif latin *sol* (soleil). *Paratonnerre*, *parachute*, composés des mêmes élémens que les mots que je viens d'analyser. *Bienheureux*, adjectif, composé de l'adverbe *bien* (benè) et de l'adjectif *heureux*. *Bientôt*, adverbe, composé de deux adverbes *bien* et *tôt*. *Aussitôt*, adverbe, composé de deux adverbes. *Toutefois*, adverbe. *Tournevis*, s. m., composé d'un verbe et d'un substantif. *Tournebroche*, s. m., composé comme le mot qui précède. *Tournesol*, s. m., composé du verbe *tourner* et du substantif latin *sol*. *Contrefaçon*, s. f., composé de la préposition *contre* et du substantif *façon* ; ce mot a deux dérivés, *contrefacteur* et *contrefaction*. *Contrefait*, adj. composé de la préposition *contre* et du participe passé du verbe *faire* ; ce dernier mot a deux dérivés: contrefaire, v. a., et contrefaiseur, s. m., etc.

Je pense que nous avons plus de mille mots de toutes les espèces, formés d'élémens divers puisés dans notre langue même, et qui, malgré cette origine indigène, ont acquis une constitution définitive, comme les mots d'origines exotiques;

tandis que d'autres mots, de semblables origines et de pareilles compositions, créés aux mêmes époques, sont demeurés mixtes, et ont occasionné ces exceptions que la raison réprouve.

Nous n'avons plus à examiner qu'une seule exception à la règle du pluriel; elle concerne quelques noms dérivés des langues étrangères qui ne prennent point la marque de cette idée accessoire. On écrit : des *Te Deum*, des *postscriptum*, des *in-folio*, des *in-octavo*, des *alinéa*, des *concerto*, etc.

Cette dernière exception est si peu fondée, que je ne sais comment la qualifier. Quoi ! parce que des noms sont dérivés de langues étrangères, ils ne seront point passibles des règles de concordance ! En vérité, ce motif est si futile, qu'il ne mérite pas d'être réfuté sérieusement. Il eût fallu, pour être un peu conséquent, étendre cette exception à tous les mots qui ont une semblable origine. Or, et toutes les personnes instruites le savent, nous n'avons que très-peu de mots qui nous soient propres, comparativement à ceux que nous avons empruntés aux langues étrangères. Serait-ce parce que ces derniers sont moins altérés que la plupart des autres, qu'on les a soustraits à la règle commune? Ce motif ne mérite pas d'être pris en considération ; car, dès que nous adoptons un mot, soit qu'on le vêtisse à la française, soit qu'on lui conserve son costume étranger, il est naturalisé français, et, en cette qualité, il doit être soumis aux lois qui régissent notre langue, comme l'étranger que l'on a naturalisé est tenu d'observer les lois de sa patrie adoptive : nous devons donc écrire: un *Tedeum*, des *Tedeums*, un *postscriptum*, des *postscriptums*, un *infolio*, des *infolios*, etc. -

CHAPITRE V.

Paradigme de la filiation des mots.

Nous allons aborder l'ordre direct du langage, qui est manifesté par la filiation des mots.

Une langue est d'autant plus parfaite, que les mots qui la composent forment des filiations étendues, régulières analogiques, et sont groupés selon la nature des idées qu'ils représentent. Il est donc très-nécessaire d'acquérir des notions exactes sur la filiation des mots, pour connaître le mécanisme du langage. Mais ceux-ci n'étant que des effets, remontons aux causes.

Chaque mot renferme une idée et en est l'image.

Les idées se classent dans la mémoire selon l'ordre de conception ; les simples y précèdent les complexes. Les mots qui les représentent suivent le même ordre d'expression et de filiation, lorsqu'ils affectent des formes régulières.

Dans une langue bien faite, chaque série de mots dériverait d'un type commun, servant d'image exemplaire pour toutes les idées subséquentes, qui participeraient de la nature de celle énoncée par le primitif ; la ramification vocale s'étendrait plus ou moins selon le nombre des idées secondaires qui naîtraient de ce type. Par ce moyen, l'esprit et la forme marcheraient de concert, en suivant les lois d'une affinité décroissante. Cette gradation méthodique, qui fut probablement ob-

servée dans les langues primitives, n'est pas
exactement suivie dans les langues modernes, qui
sont, en général, un mélange confus de langues
antérieures. Une grande partie des élémens primitifs ont subi des altérations profondes dans les
nombreuses vicissitudes que les langues ont éprouvées, avant que les dernières eussent acquis des
constitutions durables. Le mélange des peuples et
l'influence des climats sont les causes principales
de ces altérations.

Les traces matérielles de l'esprit d'ordre qui
présida à la formation des langues originales s'ef-
facent graduellement. Aussi, les séries de mots
qui constituent la filiation, sont fort fractionnées
dans les langues modernes : les voix qui expriment
les idées secondaires n'y ont souvent aucun rapport de forme avec celles qui énoncent les idées
principales dont elles devraient procéder. Néanmoins, dans l'état d'imperfection même où les
langues nous sont parvenues, il y a encore une
gradation méthodique, mais peu étendue, dans
la relation réciproque de beaucoup de mots. Cet
ordre, cette filiation est rigoureusement indispensable ; car une langue qui serait formée uniquement de mots arbitraires, sans liaison, ni affinité,
serait un dédale presque inextricable.

La filiation des mots suit ordinairement l'ordre
de conception ; chaque série a un type pour générateur ; les modifications qu'il éprouve dans les
mots qui en dérivent correspondent aux différentes
manières dont on envisage habituellement l'être
sensible ou abstrait qu'il représente, et servent à
exprimer les idées qui en naissent, telles que les
qualités qu'il possède, les actions qu'il produit ou

qu'il subit, ou dont il est la fin, le moyen ou le résultat, etc.

On doit distinguer deux ordres de modifications: l'ordre direct et l'ordre indirect; le premier, qui constitue la vraie filiation, s'opère par le moyen des particules désinentielles; le dernier consiste en particules initiales, ou prépositives. Chaque particule désinentielle représente une idée déterminative qui donne au primitif auquel on l'ajoute une nouvelle signification, et en fait la représentation d'une idée subordonnée participant de la nature de l'idée élémentaire.

Je vais donner quelques exemples de filiations; je choisis à cet effet le primitif *terre*, qui a de nombreux dérivés. J'engage le lecteur qui a la volonté de connaître le mécanisme du langage, à lire ce chapitre avec attention. Je ferai mon possible pour être intelligible.

Terre (la), s. f., sensible.

Ce mot exemplaire a deux acceptions : il est l'image vocale et visible du globe que nous habitons, et de la couche supérieure, propre à la végétation, qui en forme la surface.

Terrain, s. m., espace indéterminé de terre.

Il est évident que ce mot dérive du primitif *terre*, tant par sa forme que par la nature de l'idée qu'il représente. En effet, un *terrain* n'est qu'une petite partie de la terre. La particule *ain* ajoutée au radical en restreint et en détermine la signification. C'est une idée accessoire qui forme un substantif secondaire.

Terroir, s. m. L'origine de ce mot est assez évidente. Le primitif y est conservé presque intact; la désinence *oir* que l'on y a ajoutée a suffi pour former un mot intelligible, servant à exprimer une idée secondaire, c'est-à-dire une idée qui procède d'une autre et qui participe de sa nature.

Territoire, s. m., l'espace de terre qui dépend d'une juridiction.

Ce dérivé, plus compliqué que les précédens, est bien intelligible, parce que le primitif étant initial dirige l'esprit vers l'idée mère dont il est l'image, et que la terminaison qu'on y a ajoutée indique que cette idée est modifiée dans sa signification, puisqu'elle l'est dans sa forme.

Terrasse, s. f., dérivé du primitif *terre* par le moyen de la désinence *asse* qui a suffi pour déterminer la signification de ce mot, en lui conservant le signe caractéristique de la nature de l'objet qu'il représente. Ces quatre dérivés représentent des *parties* procédant d'un *tout*.

Terreau, s. m., terre végétale.

La désinence *au*, ajoutée au primitif, a suffi pour créer un mot intelligible, ayant un caractère et une signification bien déterminés. Ce mot représente une idée subordonnée.

Terrine, s. f., vase de terre.

Dans ce dérivé, comme dans les précédens, le radical indique la nature de l'objet; la terminaison en indique la forme et les autres qualités.

Tertre, s. m., petite éminence.

Ce mot a pour générateur le même primitif.

Beaucoup d'autres substantifs proviennent de ce mot élémentaire. Je ne m'arrêterai point à en faire l'énumération. J'en ai cité sept qui en sont dérivés par simple désinence.

Dans tous ces exemples, le primitif sert de générateur, et la désinence, de déterminative ; ou, pour m'exprimer plus explicitement, le radical indique la nature de l'objet en général, et la terminaison en détermine et en précise la nature particulière.

Le type *terre* sert aussi de générateur à quelques adjectifs et à plusieurs verbes qui en sont dérivés immédiatement ou médiatement. En voici quelques exemples :

Terne, adj., qui n'a pas l'éclat qu'il devrait avoir, qui a peu d'éclat.

Il me semble que c'est par allusion à la couleur sombre de la terre, qu'on a créé cet adj.; sa forme et sa signification l'indiquent suffisamment.

Terni, part. adj., qui a perdu son lustre.

Ce mot sert à qualifier un être qui a perdu, par l'effet d'une cause quelconque, l'éclat, le lustre, le brillant qu'il avait possédé. Ainsi, il désigne toujours une qualité acquise, le résultat d'une ou de plusieurs actions naturelles ou artificielles. L'adjectif *terne*, au contraire, désigne une qualité qui peut être l'état habituel de l'être qui la possède.

Terrestre, adj., qui appartient à la terre.

Cet adj. sert à qualifier les objets qui participent de la nature du primitif *terre*; c'est une image sensible puisée dans un objet de comparaison, et revêtue d'une forme qui en indique l'origine et la signification à la personne la moins intelligente.

Terreux, adj., mêlé de terre.

Autre modification du primitif *terre* pour exprimer une qualité qui en provient.

La terre est l'objet, le but ou le moyen de plusieurs actions, et sert, en conséquence; de type à plusieurs verbes.

Enterrer, v. a., inhumer, enfouir, mettre dans

la terre. On a ajouté au primitif la particule initiale *en*, et la terminaison *r*, qui imprime la forme
vocale à ce mot. La particule *en* est explétive. Le
primitif n'a subi aucune altération. Ce verbe est
très-intelligible.

Déterrer, v. a., exhumer; au figuré, découvrir
une chose qui était cachée.

J'ai signalé d'avance la complication inutile du
verbe précédent. Ce dernier est dégagé de la particule *en*, et ramené à sa plus grande simplicité.
C'est le composé de *enterrer*, et, si l'on avait procédé régulièrement, il en contiendrait tous les
élémens. On sait déjà que la particule initiale *dé*
a la propriété d'imprimer aux verbes qu'elle précède un sens opposé à la signification du primitif.

Atterrer, v. a., abattre, renverser par terre.

Verbe composé, très-intelligible, dérivé du primitif *terre* qui indique le résultat de l'action.

Attérir, v. n., terme de marine, prendre terre.

Ce verbe composé a aussi pour primitif le mot
exemplaire *terre* qui en détermine le sens, en in-
diquant le but de l'action. L'idée principale se
manifeste dans tous ces mots avec la dernière
évidence, et contribue puissamment à les rendre
intelligibles. Beaucoup d'autres verbes sont dérivés
de ce primitif fécond.

Comme les branches principales d'un arbre
vigoureux en produisent d'autres, de même les
dérivés deviennent aussi générateurs selon l'enchaînement des idées qui en naissent. En voici un
exemple:

Le substantif *terrasse*, qui dérive du primitif
terre, est le générateur du verbe *terrasser* et du substantif *terrassier*. Voici le motif de cette dérivation
secondaire: la *terrasse* est un objet artificiel; elle

est par conséquent le produit d'une action ; cette action est effectuée par des individus. Or, il était convenable de dériver l'action et l'état du nom de l'objet qui en est le produit et le motif.

N'omettons pas une remarque importante. A mesure que les élémens des mots se compliquent, les idées qu'ils représentent deviennent aussi plus complexes, sans cesser d'être indivisibles. Pour démontrer cette gradation croissante et correspondante de l'esprit et de la forme, je vais analyser succinctement le mot *terrassier*.

Terre, mot exemplaire qui désigne la nature de l'objet.

Terrasse. Ici la désinence *asse* est la marque matérielle et le signe intellectuel de la forme de l'objet, avec rapport à sa nature, exprimée par le primitif initial *terre*.

Terrasser. Le caractère *r* donne la forme verbale au substantif secondaire *terrasse*. Il est, en conséquence, le signe visible de l'action qui produit l'objet, comme la modification vocale en est le signe oral. Ce verbe exprime la nature, la forme et l'action.

Terrassier. La lettre *i*, intercalée dans le verbe précédent, est le signe visible et vocal d'une nouvelle modification, qui imprime à ce mot un caractère particulier. Ce troisième dérivé exprime un quadruple rapport.

Rapport de nature ou de matière, exprimé par le primitif *terre ;* rapport de forme caractérisant l'objet, exprimé par l'articulation *asse ;* rapport d'action produisant l'objet, exprimé par l'articulation *r ;* rapport à la personne qui effectue l'action, exprimé par le son *i*. Ainsi ce mot représente matière, forme, action et qualité.

CHAPITRE VI.

Séries incomplètes.

Je me suis sévèrement interdit, dans le dernier chapitre, toutes réflexions importunes. J'ai voulu que le lecteur, intelligent et sensible, contemplât avec admiration la marche ascendante de l'esprit humain, dont les traces évidentes subsisteront éternellement dans les langues, chefd'œuvres de l'intelligence. Comment pourrait-on considérer sans émotion cette institution sublime, lorsqu'on est initié en ses mystères? quel mécanisme, à la fois simple et ingénieux, groupe les mots selon les idées qu'ils représentent! quel enchaînement les unit, quelles nuances les séparent!

Ces considérations s'appliquent à toutes les langues, la chinoise exceptée. Toutes les autres portent l'empreinte de l'esprit qui présida à la formation des premières, dont elles dérivent; et je suis persuadé que, quelles que soient les vicissitudes qu'elles éprouveront encore, jamais elles ne dépouilleront entièrement les traces de leur origine. D'ailleurs, l'esprit humain, étant presque identique dans tous les lieux et à toutes les époques, se manifestera toujours à peu près de la même manière, pour ce qui concerne le fond du langage; la forme seule varie et variera encore, en raison des événemens qui influeront sur la destinée de la nature humaine, et de chaque peuple en particulier.

Jusques ici, nous avons considéré le français d'une manière presque absolue, sans beaucoup recourir à la cause de toutes les langues, je veux dire, à l'intelligence. Présentement, nous suivrons une méthode différente ; nous considèrerons l'esprit comme cause, et les mots comme effet, et nous tâcherons de déterminer en quoi consistent la perfection et l'imperfection de cet effet, relativement à sa cause. Pour cela, nous établirons en principe, que toutes les idées analogues doivent être exprimées par une série de mots analogues ; d'où nous conclurons : 1° qu'une série particulière est complète, lorsqu'on a dérivé du primitif tous les mots indispensables pour exprimer toutes les idées qui en naissent ; 2° qu'une série est incomplète, quand l'esprit peut considérer quelque forme, quelque accident, quelque action, quelque manière d'être qui n'ait pas d'expression orale dérivée immédiatement ou médiatement du primitif.

Lorsque l'effet ne correspond point à la cause, lorsque les mots ne manifestent pas, d'une manière directe, toutes les vues de l'esprit, il y a défectuosité, il y a lacune. Or, toute lacune est moralement impossible dans une langue, car, dès que l'esprit conçoit une idée, il faut nécessairement qu'il puisse l'émettre ; lorsque la pénurie de mots propres l'empêche d'employer un moyen direct, il emploie nécessairement un moyen indirect. De là, l'usage et la nécessité des circonlocutions et des approximatifs qui rendent les langues prolixes et diffuses.

Il n'y a qu'un seul moyen d'obvier à ce grave inconvénient, qui ralentit la manifestation de la pensée et qui l'embarrasse en des élémens divers; c'est de créer des mots propres autant qu'on en éprouvera le besoin et qu'on en sentira la possibilité. Quant à cette dernière, il n'y aura qu'à consulter l'analogie, et l'on se convaincra que cela est non-seulement possible, mais même d'une exécution facile. Le besoin ne sera pas aussi facilement senti, parce que notre esprit, familiarisé avec ce qui existe, a bien de la peine à franchir le cercle étroit de la routine, où il se complaît par indolence. Comment se former des notions abstraites d'un ordre plus régulier, plus étendu, plus rationnel, lorsque les à peu près que nous employons suffisent à notre raison façonnée par l'usage?

Néanmoins, je suis persuadé que toutes les personnes intelligentes apprécieront les avantages qui résulteraient immédiatement de la création des mots propres dont je sens le besoin, pour combler les lacunes qui existent à notre langue.

CHAPITRE VII.

SÉRIES INCOMPLÈTES.

Adjectifs de prévision.

Presque tous les êtres physiques et abstraits, que nous pouvons considérer d'une manière absolue ou générale, sont nommés. Les mots qui représentent ces idées se nomment *substantifs ;* ces mots, qui forment la charpente des langues, sont d'une nécessité indispensable. Mais nous manquons de beaucoup d'adjectifs, de verbes, d'adverbes de manière, et de substantifs dérivés, auxquels on supplée par des approximatifs et des périphrases.

Toutes les substances possèdent des qualités inhérentes et sont susceptibles d'en acquérir de permanentes, ou de passagères. Le feu est naturellement chaud et clair; le fer est froid, lourd et sombre ; le verre est transparent et fragile, etc. Ces qualités physiques sont inhérentes à ces objets. Mais le feu est grand, médiocre ou petit ; c'est une étincelle, un brasier, un incendie, selon la nature et la quantité des comestibles qui l'alimentent. Il est plus ou moins ardent, plus ou moins lumineux, selon que les circonstances sont favorables ou contraires à son développement. Lorsqu'on soumet le fer à l'action du feu, il change de température et de couleur ; il en est de même du verre, et de toutes les matières fusibles, qui de solides deviennent liquides, de froides deviennent chaudes, etc. Toutes ces qualités sont donc *acquérables*, pour me servir du mot propre.

Nous considérons chaque être sous le rapport des qualités qu'il possède, et sous le rapport des qualités qu'il peut acquérir. Nous jugeons qu'il est susceptible d'acquérir telles qualités par les dispositions qu'il manifeste, par l'aptitude qu'il témoigne, ou par sa nature spéciale. Nous éprouvons une grande pénurie de mots propres pour rendre cette dernière vue de l'esprit. Ces mots sont des adjectifs dans l'analogie d'acquérable, fesable, accusable, etc. Ces lacunes nous forcent de recourir à des périphrases pour rendre nos idées. Par exemple, jugeons-nous qu'une personne est *dissimulée*, ou qu'elle a dissimulé quelque chose ; dans ce cas, le mot *dissimulé* rend notre idée parfaitement ; c'est le mot propre. Mais nous pouvons considérer la dissimulation sous un autre rapport, savoir : si la chose doit être dissimulée, ou peut être dissimulée, s'il y aurait de l'imprudence ou de l'indiscrétion à l'avouer ou à la révéler, enfin si elle est *dissimulable* ; car c'est le mot propre. Mais dissimulable n'est point français, et nous ne pouvons rendre cette simple vue de l'esprit que par cette phrase : *Cette chose ou cette circonstance peut ou doit être dissimulée.* Remarquons que cette circonlocution ne rend point notre idée avec la même brièveté, ni la même exactitude que le ferait le mot propre.

Nous allons examiner quelques séries incomplètes de mots.

Dissiper, v. act.; verbe, parce qu'il exprime une

action ; actif, parce que cette action est transitive.

Dissipé, part. adj. représentant une qualité acquise, résultat de l'action exprimée par le verbe duquel il provient.

Dissipateur, s. m. d'après les grammairiens et les vocabulistes. Ce mot et tous ceux qui lui ressemblent participent de la nature des adjectifs, puisqu'ils qualifient les personnes (1). Celui-ci exprime une qualité acquise considérée par rapport à la personne qui commet habituellement l'action de dissiper.

Dissipation, s. f. sensible et abstrait. Substantif, parce que l'esprit considère la dissipation d'une manière générale. Le sens figuré de ce mot, qui s'applique aux actions humaines, est formé par allusion au sens propre.

Ces quatre mots forment cette série, qui est incomplète ; car je conçois une manière d'envisager la dissipation qui n'a point d'expression vocale. En effet, il y a des personnes et des choses plus disposées à la dissipation, plus faciles à dissiper que d'autres, et nous n'avons pas le mot propre pour rendre cette vue de l'esprit ; ce mot serait l'adjectif *dissipable*, qui équivaudrait à cette locution : *que l'on peut facilement dissiper*. C'est par cette phrase ou par quelques autres semblables que nous suppléons à cette lacune. Examinons encore quelques autres séries.

Discuter, discussion.

Pour exprimer toutes les vues de l'esprit qui naissent de l'idée exemplaire abstraite *discuter*, il manque :

(1) Les mots de cette espèce représentent l'être et la qualité qui le distingue, et devraient avoir une dénomination spéciale.

Discutable, adj., *que l'on peut discuter*, son composé *indiscutable*; *discuteur* et *discutrice*, qui discute habituellement, et *discutif, ive*.

Pour se convaincre de l'utilité de l'adj. *discutable* et de son composé *indiscutable*, il suffit d'examiner la nature des idées qu'ils représenteraient. Il y a des vérités si simples, si évidentes, si palpables, que ce serait un abus de les discuter. Le mot propre pour exprimer cette idée négative serait *indiscutable*. Mais la plupart des objets, des faits et des événemens font naître des questions complexes, parce qu'on ne peut s'en former un jugement judicieux et équitable qu'après les avoir considérés sous tous les aspects. Malheureusement peu de personnes ont l'esprit assez étendu pour envisager une question sous toutes ses faces. Quoi qu'il en soit, toutes les propositions complexes et beaucoup de simples sont *discutables*, qui est le mot propre pour rendre cette vue de l'esprit.

Docile, adj.; *docilité*, s. f.; *indocile* et *indocilité*. *Docilement*, adv. de manière. Il manque, pour compléter cette série, le verbe *dociler*, qui remplacerait ce verbe composé : *rendre* ou *devenir docile*; l'adj. *dociliable*, son composé *indociliable*, et l'adj. de puissance *dociliatif, ive*. Je ne m'occuperai, dans ce chapitre, que des adjectifs exprimant des qualités acquérables.

Pour sentir le besoin de ces adjectifs, il est nécessaire de se bien pénétrer des idées qu'ils représenteraient.

Chaque être ou chaque collection d'êtres a plus ou moins de dispositions à acquérir la qualité que nous exprimons par le mot docile Le défaut de mots propres pour rendre les jugemens que

nous en portons nous force de recourir à des périphrases longues et traînantes, pour émettre notre
idée affirmative ou notre idée négative; dans le
premier cas, nous disons : *On pourrait le rendre
docile*, ou *il a des dispositions à devenir docile.* Dans
le second, *on ne pourrait le rendre docile*, ou *il n'a
pas de dispositions à devenir docile.* Si nous avions
l'adjectif *dociliable* et son composé *indociliable*, nous
exprimerions nos idées affirmatives et nos idées
négatives avec exactitude, brièveté et énergie.

   Dominer, domination, dominateur, dominant.

Considérée comme effet de l'intelligence,
cette série est défectueuse, car l'esprit peut envisager la domination sous des rapports qui n'ont point
d'expression vocale.

Les êtres, les nations et les peuples sont plus ou
moins faciles à dominer selon leurs caractères propres et le degré de civilisation où ils sont parvenus.
Nous éprouvons souvent le besoin d'émettre nos
idées à cet égard; cependant, nous manquons de
mots propres pour les exprimer. Ces mots seraient
les adjectifs *dominable* et *indominable.*

   *Distinct, distinction, distinctif, distinguer, dis-
tinctement.*

Cette série ne sera complète que quand on aura
formé l'adjectif *distinguable*, qui équivaudrait à
cette locution : *que l'on peut facilement distinguer*,
ou que l'on peut distinguer. Le composé *indistin-
guable* exprimerait la négation.

Il y a des choses si confuses, si obscures, que
l'on ne peut les distinguer; il y en a d'autres, en
plus grand nombre, que l'on distingue facilement.
Ce seraient là les deux vues opposées de l'esprit
qu'on exprimerait par ces adjectifs.

Achat, acheter, acheteur.

Manque *achetable, acheteuse,* et *inachetable.*

Un objet est *achetable,* quand il est à la convenance de l'acheteur, et que le prix n'en est pas trop
élevé; il est *inachetable,* lorsqu'il est trop considérable ou trop cher, comparé à sa valeur réelle, ou
aux moyens de celui qui veut acheter.

Je n'ai point énuméré les adjectifs de cette espèce qui nous manquent, mais je puis affirmer
que le nombre en est considérable En voici quelques-uns :

Adjectifs à créer dans l'analogie d'acquérable.	Equivalent de ces adjectifs.	A quoi se rapporteront ces nouveaux adjectifs.
Ravissable.	Que l'on peut ravir.	Un objet, une personne.
Rendable.	Que l'on peut rendre.	Une satisfaction, un ob-jet.
Gardable.	Que l'on peut garder.	Un bien, une place, etc.
Décidable.	Que l'on peut décider.	Une personne, une ques-tion.
Déchirable.	Que l'on peut déchirer.	Un objet.
Débitable.	Que l'on peut débiter.	Une nouvelle, une mar-chandise.
Débrouillable.	Que l'on peut débrouiller.	Un objet, une cause, une question.
Débusquable.	Que l'on peut débusquer.	Une personne, une troupe.
Décernable.	Que l'on peut décerner.	Une récompense, une contrainte, etc.
Déclarable.	Que l'on peut déclarer.	Un fait, une circonstance
Déconcertable.	Que l'on peut déconcerter.	Une personne, un projet.
Découvrable.	Que l'on peut découvrir,	Une personne, un objet.
Décrétable.	Que l'on peut décréter.	Une loi, une prise de corps.
Définissable.	Que l'on peut définir.	Un objet, un être.
Déformable.	Que l'on peut déformer.	Un objet.
Défrichable.	Que l'on peut défricher.	Une terre, une question.
Dédommageable.	Que l'on peut dédommager.	Une personne.
Dégoûtable.	Que l'on peut dégoûter.	Une personne.
Dégradable.	Que l'on peut dégrader.	Une personne, un objet.
Déjouable.	Que l'on peut déjouer.	Un projet, un complot.

Je pense qu'il serait superflu de multiplier les exemples pour démontrer l'importance des adjectifs de prévision. Ces adjectifs, comme tous les mots propres, procurent un moyen direct d'émettre les vues de l'esprit, en dégageant l'émission de la pensée de quelques élémens superflus à sa manifestation.

Ces mots ont une connexion nécessaire avec les verbes, qui, presque tous, sont susceptibles de revêtir cette forme. Le nombre possible de ces adjectifs est subordonné à la nature des idées qu'ils représentent.

J'ai nommé ces mots adjectifs de prévision, pour les caractériser par l'opération intellectuelle qu'ils manifestent; car ils diffèrent des autres adjectifs, en ce qu'ils ne représentent point des qualités effectives, mais seulement des opérations de l'esprit, qui prévoit que les êtres sont susceptibles d'éprouver les effets des actions exprimées par les verbes dont procèdent ces mots, qui représentent des idées subordonnées.

CHAPITRE VIII.

SÉRIES INCOMPLÈTES.

Adjectifs de puissance.

Les facultés intellectuelles, les actes qui en émanent, les actions et les propriétés des corps peuvent être envisagés sous le rapport de leur pouvoir, de leur puissance, de leur énergie.

L'action exprimée par le verbe est effet et cause; elle est effet relativement à la cause qui la produit; elle est cause relativement à l'effet qu'elle produit. Toute action considérée comme effet suppose une cause préexistante ou simultanée à sa manifestation. En remontant des effets aux causes, on est conduit invinciblement à reconnaître et à proclamer l'existence d'une cause première et universelle; cause unique à laquelle toutes les autres viennent aboutir. Mais nous ne remonterons pas dans cette région élevée; nous bornerons nos efforts à indiquer les causes spéciales ou subordonnées, parce que nous sommes persuadés que cette connaissance suffit pour donner l'intelligence des causes et des effets relativement à la nature des idées et aux formes qu'elles revêtent.

Deux conditions sont indispensables pour qu'une action s'effectue; il faut une cause et un moyen. Souvent la cause et le moyen se confondent et semblent indivisiblement unis. Nous les réunirons de même sous la dénomination commune de cause, pour éviter au lecteur les difficultés que présentent toujours les définitions trop métaphysiques.

Les adjectifs de puissance dérivent des verbes, comme les adjectifs de prévision. La désinence *if, ive*, est la forme qu'ils affectent ordinairement; de *persuader* on a dérivé *persuasif, ive*, qui signifie *qui a le pouvoir, la puissance de persuader*; de *démontrer* on a dérivé *démonstratif, ive, qui a le pouvoir de démontrer*. J'ai une prédilection pour cette forme que je trouve euphonique et expressive. Plusieurs verbes l'ont revêtue, beaucoup d'autres sont susceptibles de la revêtir, en raison des idées qu'ils représentent.

Nous avons vu que le verbe *persuader* a un adjectif corrélatif de puissance. Ce verbe exprime un acte purement intellectuel. La persuasion est l'effet d'une cause intelligente agissant sur l'intelligence. Voici le mécanisme du langage, considéré sous le rapport que nous l'envisageons présentement.

Persuasif, ive; cause de l'action exprimée par le verbe *persuader*.

Persuader, effet de la cause représentée par le mot *persuasif*, et cause de l'effet exprimé par le mot persuasion.

Persuadé, e, qualifie la personne qui a subi l'effet de l'action rendue par le verbe *persuader*.

Ainsi l'idée revêt des formes différentes selon les différentes modifications qu'elle éprouve, suivant qu'on considère la cause, *persuasif, ive*; l'effet-cause, *persuader*; le simple effet, *persuasion*; la qualité acquise par l'effet de l'action déterminée par la cause, *persuadé, e*.

Réflexion. Ce mot représente un effet qui a pour cause le verbe *réfléchir.*

Chez quelques individus, disgraciés de la nature, la puissance de réfléchir est très-bornée. D'autres possèdent cette faculté à un degré très-éminent. Il survient des événemens terribles, des rencontres inespérées, des accidens imprévus qui sollicitent à réfléchir. Pourquoi n'a-t-on pas dérivé de ce verbe l'adjectif de puissance *réflexif, ive,* qui serait propre à qualifier les causes qui ont la puissance de faire réfléchir ? ce serait là le mot propre pour exprimer cette idée de causalité.

Le sens abstrait du mot réfléchir est métaphorique, formé par allusion au sens propre. La nature contient plusieurs objets qui ont la propriété réflexive, c'est-à-dire de réfléchir ; cet adjectif de puissance serait utile pour désigner les causes de cette action, au propre et au figuré.

Réfracter, réfraction.

La réfraction est l'effet produit par l'action sensible que l'on exprime par le verbe *réfracter.*

Il y a dans la nature plusieurs objets qui ont la propriété de réfracter la lumière, qui, par conséquent, sont les causes de l'action que ce verbe représente. Pourquoi ces causes, ces propriétés n'ont-elles point une expression vocale ? L'adjectif de puissance *réfractif, ive,* serait le mot propre pour qualifier et représenter ces idées de causalité.

Percevoir, perceptible, perception, perceptibilité.

Cette série consiste en ces quatre mots pour le sens abstrait, formé par allusion au sens propre. L'action sensible percevoir, qui signifie recevoir, recueillir, en est l'idée exemplaire.

Percevoir, sens moral, recevoir par les sens l'impression des objets.

Perceptible, qui peut être perçu.

Perception, idée, sentiment que produit l'impression d'un objet.

Perceptibilité, qualité de ce qui est perceptible.

Percevoir, action qui produit la perception. Cause et effet.

Perceptible, qualité relative que l'esprit considère dans les objets par son pouvoir de prévision.

Perception, effet de l'action de percevoir. Effet.

Perceptibilité, qualité considérée abstractivement et d'une manière générale.

Il n'est point nécessaire d'être fort versé dans la métaphysique du langage pour sentir que cette série est défectueuse, puisqu'elle n'a point d'expression pour représenter la cause immédiate de tous ces effets. Pour la compléter, il faudrait créer l'adjectif *perceptif, ive; .* moyen, pouvoir *perceptif;* faculté, puissance *perceptive,* qui perçoit ou par laquelle on perçoit; c'est là le mot propre pour représenter cette idée de causalité.

Comprendre, compréhensible, compréhension, incompréhensible.

Manque, *compréhensif, ive.*

Comprendre représente l'acte intellectuel dont la *compréhension* est l'effet.

Compréhensible exprime une qualité relative que l'esprit découvre dans les objets par son pouvoir de prévision.

Compréhension, effet ou résultat du verbe *comprendre;* l'être qui est privé de la faculté de *comprendre* n'a point de *compréhension.* Sans cause, point d'effet. Le verbe comprendre n'est cause que par relation aux effets qui en procèdent; il est lui-même effet relativement à la cause qui le produit; cette cause est purement intellectuelle ; l'acte *comprendre* s'opère dans l'intelligence qui en est la cause et le moyen. Dès que l'esprit peut considérer une cause déterminante, il est nécessaire de lui donner une expression vocale. L'adj. *compréhensif, ive,* est le mot propre pour exprimer cette vue de l'esprit.

Abstraire, abstrait, e, abstraction, abstractivement.

Manque *abstractif, ive,* et *abstractible.*

Abstraire, acte intellectuel, qui produit l'abstraction.

Abstraction, effet produit par l'acte *abstraire.*

Abstrait, e, qualité relative produite par l'acte abstraire, et quelquefois qualité permanente.

L'acte que représente le verbe abstraire s'opère dans l'intelligence, qui en est la cause et le moyen. Puisque l'esprit peut remonter jusqu'à la cause, il est nécessaire d'en qualifier la puissance et l'énergie; l'adj. *abstractif, ive,* serait le mot propre pour rendre cette vue de l'esprit.

Exaspérer, exaspération.

Manque *exaspérable* et *exaspératif, ive.*

Il me semble que l'idée qu'on exprime par le mot exaspération peut être envisagée sous les deux aspects que j'indique.

Les individus et les peuples sont plus ou moins faciles à exaspérer, selon les conditions natives ou locales qui les influencent. L'adj. *exaspérable* qualifierait les individus ou les collections d'individus que l'on jugerait faciles à exaspérer : le mot *inexaspérable* exprimerait la négative.

Mais, pour qualifier les causes déterminantes, il faudrait donner la forme adjective à ce verbe ;

on aurait alors l'adjectif *exaspératif, ive ;* action,
conduite, démarche *cxaspérative, qui produit ou
qui occasionne l'cxaspération.* C'est là la forme que
doit revêtir cette idée de causalité.

Pour éviter de donner trop d'étendue à ce chapitre, je bornerai mes analyses concernant les
adjectifs de puissance à celles qui précèdent ; mais
je crois devoir y ajouter quelques remarques som-
maires.

On serait dans l'erreur si on se persuadait que
tous les adjectifs terminés en *if, ive,* sont des adjectifs de puissance, et que ces derniers ont tous
cette terminaison. C'est la nature de l'idée que
chaque mot représente qui en détermine l'espèce,
et non point la forme qu'elle revêt. Il n'y a
d'adjectifs de puissance que ceux qui qualifient
la cause ou le moyen et qui tiennent lieu de
cette locution : *qui a le pouvoir de ;* tous les autres
rentrent dans les classes nombreuses des adjectifs
spéciaux et généraux. Par exemple, *constitutif, ive,*
est un adjectif de puissance, parce qu'il qualifie
la cause qui constitue, le moyen par lequel on
constitue ; mais *consécutif, ive,* est un adjectif
général, car il ne désigne qu'une succession d'effets, et ne qualifie ni cause, ni moyen.

Plusieurs adjectifs de puissance sont terminés en
ant, e. Charmant, e, convaincant, e, sont de ce
nombre. On remarque une diversité de formes
dans l'expression des idées les plus ressemblantes.
La conviction a beaucoup d'analogie avec la
persuasion ; celle-ci est un peu plus libre, plus
intellectuelle ; celle-là plus impérative, plus matérielle. Au reste, il y a beaucoup de rapports
entre les deux idées abstraites que ces mots re-

présentent. Pourquoi l'adjectif de puissance, corrélatif de convaincre, prend-il la forme *ant,*
tandis que le même adjectif corrélatif de persuader
prend la forme *if?* c'est encore une inconséquence.

Les adjectifs de puissance représentent des idées
subordonnées.

CHAPITRE IX.

SÉRIES INCOMPLÈTES.

Adjectifs de nature et spéciaux.

Nous avons encore deux espèces d'adjectifs ; mais ils sont plus complets que ceux dont nous nous sommes occupés ; c'est pourquoi nous les indiquerons succinctement.

Je nommerai adjectifs de nature tous ceux qui représentent les qualités particulières des corps et qui ont pour générateurs les substantifs dont ils dérivent.

Tout se touche dans la nature ; quelquefois une légère nuance sépare les substances intermédiaires et composées des substances principales. C'est ainsi qu'une terre végétale est sabloneuse, argileuse, etc., en raison des corps étrangers qui entrent en sa composition ; qu'une source est ferrugineuse, sulfureuse, etc., selon les particules de fer ou de soufre qu'elle contient. C'est pour exprimer ce mélange des corps, cette participation réciproque de nature, que les substantifs physiques ont des adjectifs corrélatifs de nature. Je vais en citer quelques-uns seulement.

Le substantif principal *terre* a pour corrélatif l'adjectif *terreux*, lequel signifie *plein de terre*, ou *qui participe de la nature de la terre*.

Le substantif physique *pierre* a pour corrélatif
pierreux.

Le substantif *sable* a *sabloneux, qui participe de
la nature du sable.*

Argile a *argileux, qui est de la nature de l'argile.*

Lumière a *lumineux,* etc.

Je rangerai dans la classe des adjectifs spéciaux
tous ceux qui ne font point partie des adjectifs de
prévision, de puissance ou de nature. On pourrait
diviser ou subdiviser ces adjectifs, mais je préfère
ne m'appesantir que sur les traits principaux du
langage, pour ne point entrer dans des détails
minutieux et fatigans, toutes les fois que je croirai
pouvoir m'en dispenser, sans nuire essentiellement
à la clarté du sujet que je traite.

Les adjectifs spéciaux sont nombreux ; je vais
en citer quelques-uns des plus remarquables.
Je ne considèrerai point les idées qualificatives
qu'ils représentent, dans leurs relations aux séries de mots dont elles dérivent, mais seulement
comme séries d'idées d'opposition et de participation. Chaque série d'idées, considérée sous cet
aspect, se compose nécessairement de trois au
moins, dont deux idées d'opposition et une de
participation ; celle-ci est l'intermédiaire entre les
premières, qui représentent des qualités extrêmes.

J'indiquerai, par des points, les lacunes que je
remarquerai dans notre langue, relativement aux
formes des idées qualificatives d'opposition et de
participation.

Nous avons des adjectifs spéciaux :

De force, *fort....* *faible.*

De taille, *grand.....* *petit.*

De dimension, *haut, large, profond,* etc.

De forme, *rond, ovale, carré*, etc.

De température, *chaud, tiède, froid.*

De couleur, *blanc, gris, noir*, etc.

De saveur, *doux, fade, aigre*, etc.

De santé,..... *convalescent, malade.*

De tempérament, *robuste,..... débile.*

D'intelligence, *spirituel, fou, imbécile*, etc.

De courage, *téméraire, prudent, poltron*, etc.

De fidélité, *fidèle,..... traître.*

D'adresse, *adroit,..... maladroit.*

De tact, *dur, mou, liquide*, etc.

De durée, *éphémère, temporaire, éternel*, etc.

De qualité, *bon, médiocre, mauvais.* •

De fortune, *riche,..... pauvre.*

D'activité, *laborieux,..... paresseux.*

De conduite, *sobre,..... ivrogne.*

    Id.   *prodigue, généreux, avare.*

De manière, *poli,..... grossier.*

De fertilité, *stérile,..... fertile.*

De complexion, *maigre,..... gras.*

De caractère, *doux, turbulent, brutal*, etc.

D'âge, *jeune,..... vieux.*

D'époque, *antique,..... moderne.*

Nous avons encore une quantité prodigieuse d'autres adjectifs spéciaux ; je ne m'arrêterai pas à en établir la nomenclature.

Nous allons encore recourir à la cause pour indiquer les effets qui doivent y correspondre.

Comme je l'ai déjà dit, notre esprit peut considérer dans les êtres trois qualités de la même nature, qui sont les deux qualités opposées et la qualité intermédiaire. Ainsi toutes les séries d'idées qui n'ont point au moins trois termes pour qualifier les êtres de raison et de nature sous les trois rapports que j'indique, sont incomplètes. Quant aux qualités extrêmes, elles sont presque toutes représentées; mais nous manquons de beaucoup d'adjectifs pour exprimer les qualités intermédiaires; on y supplée par des approximatifs simples ou complexes. Par exemple, les mots *fort* et *faible* expriment deux qualités extrêmes, entre lesquelles il y a nécessairement une qualité mitoyenne, participant de la nature des deux autres. Cette qualité n'a point d'expression vocale spéciale et propre. *Grand* et *petit* représentent aussi deux qualités relatives opposées; cette série est également défectueuse, car elle n'a pas de mot propre pour exprimer la qualité intermédiaire; on y supplée par l'approximatif *médiocre*; mais ce mot est vague et il faut y ajouter quelque déterminatif pour en restreindre la signification. Dans la série qui qualifie les êtres sous le rapport de la santé, il y a une lacune différente; c'est l'une des qualités extrêmes qui manque d'expression propre; on y supplée par cet adjectif composé : *qui jouit d'une bonne santé.* *Convalescence* représente la situation transitoire entre l'état de santé et l'état de maladie, et *convalescent* qualifie l'être qui est dans cette situation. La série qui concerne la fortune est également incomplète, car la qualité intermédiaire n'a point d'expression propre : *riche* et *pauvre* représentent les deux qualités extrêmes; on supplée à cette lacune par cette périphrase : *il jouit d'une belle aisance*, ou *il est à l'aise.* Ces locutions sont prolixes et impropres. La même lacune dépare la série d'âge. *Jeune* et *vieux* sont des qualités extrêmes, et nous n'avons pas de mot propre pour exprimer la qualité mitoyenne.

6

Je n'insisterai pas davantage sur l'inconvénient des lacunes que je viens de signaler, car je suis persuadé qu'on ne peut opérer aucune amélioration à cet égard. Aussi, mes courtes remarques sur les adjectifs ont plutôt pour objet d'indiquer les conditions rigoureuses d'une langue bien faite, que les améliorations à introduire dans la nôtre. On doit discerner soigneusement les améliorations faciles ou praticables, de celles qui seraient difficiles, et considérer comme impossibles celles qu'on ne pourrait effectuer qu'en dénaturant l'institution.

CHAPITRE X.

Verbes.

Dans les derniers chapitres, j'ai démontré que nous manquons de beaucoup d'adjectifs; dans celui-ci, je me propose d'établir que nous éprouvons une grande pénurie de verbes.

Tous les adjectifs expriment des qualités effectives ou acquérables; mais cette acquisition ne s'opère que par l'effet d'une action extérieure ou artificielle, ou intérieure et naturelle. De là, deux espèces de verbes correspondans à ces deux sortes d'actions; les uns sont transitifs, ou se transmettent et s'effectuent par le moyen d'agens étrangers aux êtres qui subissent les effets de ces actions; les autres sont intransitifs, c'est-à-dire que les actions qu'ils représentent ne sortent point des êtres qui les éprouvent. Cette classification grammaticale est très-judicieuse; mais, comme je considère le français sous un autre aspect, je dois établir une classification subsidiaire.

A cet effet, je diviserai nos verbes en généraux et en spéciaux.

Je considère comme verbes généraux tous ceux qui expriment des actions vagues, dont le sens n'est exactement déterminé que par les mots auxquels ils se rapportent. *Faire, rendre, devenir,* sont les verbes généraux les plus usités de notre langue. Ces verbes suppléent aux verbes particuliers qui nous manquent.

Je considère comme verbes spéciaux tous ceux qui expriment des actions particulières et bien déterminées ; tels que : *blanchir, noircir, dormir, manger, haïr, aimer, espérer, médire, calomnier,* etc. Ces verbes sont très-nombreux, et cependant il nous en manque une grande quantité ; car l'esprit peut considérer plusieurs actions que la pénurie de mots propres empêche d'exprimer autrement que par des périphrases. On emploie ordinairement un verbe général et un adjectif ou un substantif, pour suppléer aux verbes qui nous manquent. Cette complication d'élémens me force à établir une nouvelle subdivision des verbes en simples et en composés. Je nommerai verbes composés, ceux qui sont formés de deux élémens du discours, et verbes simples, ceux qui n'en contiennent qu'un seul, c'est-à-dire tous les verbes réels.

Quoique ce chapitre soit plus spécialement consacré aux verbes, je ne m'y bornerai pas à établir une simple nomenclature de ceux qui nous manquent. Je pense qu'il est plus rationnel d'envisager maintenant l'ensemble de chaque série de mots que je soumettrai à mon investigation, autant que je le jugerai nécessaire, pour déterminer la nature de chaque idée exemplaire ; les modifications qu'elle subit dans l'intelligence, les différentes formes qu'elle doit revêtir pour représenter les différentes vues de l'esprit que celles-là doivent manifester.

Impression, effet produit dans le cœur ou dans l'esprit.

Ce mot, qui est fort usité dans notre langue, y est absolument isolé pour le sens abstrait. Cependant l'esprit peut considérer l'idée qu'il représente sous plusieurs aspects.

L'impression est un effet produit par une cause agissante, car il n'y a pas d'effet sans action antérieure. Le mot propre pour exprimer cette action serait *impressionner*. Ainsi, il suffirait de donner la forme verbale au substantif pour créer le mot qui représenterait l'action dont il est le résultat. Ce mécanisme est bien simple et d'une application bien facile.

Chaque personne a son caractère propre. Les unes sont faciles à impressionner, les autres difficiles. L'adjectif *impressionnable* serait le mot propre pour caractériser ou qualifier celles qui reçoivent facilement les impressions.

Ce substantif est susceptible de prendre la forme adjective *if, ive,* qui servirait à caractériser les causes déterminantes. Mouvement, événement *impressif;* action, cause *impressive*, etc.

Tâchons d'apprécier les avantages qui découleraient des mots dont je propose la formation.

Nous remarquerons, en premier lieu, que ces dérivés seraient des mots propres qui rendraient les idées subséquentes d'une manière directe. En second lieu, qu'ils faciliteraient la prompte émission de la pensée, en la dégageant de plusieurs élémens sonores présentement nécessaires à sa manifestation.

Pour s'en convaincre, il suffit d'exposer les mots qu'ils remplaceraient.

Impressionner, équivaudrait à ce verbe composé *produire des impressions,* ou *faire impression.*

Impressionnable, tiendrait lieu de cette phrase : *qui reçoit facilement des impressions.*

Impressif, ive, signifierait *qui fait impression.*

Il ne faut pas omettre le participe adjectif du verbe *impressionner*, qui serait le plus usité de toute la série par les fréquentes applications qu'on en ferait.

Impressionné, ee, équivaudrait à cette locution : *qui est sous l'influence d'une impression.*

Catholique, Catholicité, Catholicisme.

Ces trois mots forment cette série, qui est incomplète.

Le *catholicisme*, toutes les religions, toutes les sectes et toutes les doctrines se propagent et se perpétuent par le prosélytisme, effet de la persuasion.

A mesure que la raison humaine se dépouille de la rouille des siècles, elle acquiert des notions de justice et d'équité plus conformes à sa nature : dans les temps déplorables de barbarie et de fanatisme, les persécutions religieuses ensanglantèrent le monde. Que de fois les aberrations de l'esprit humain ont-elles fait le malheur de l'humanité?

Présentement, une sage et philantropique tolérance a remplacé le farouche fanatisme : on a enfin compris une vérité éternelle, long-temps méconnue, savoir : que chacun doit être libre d'adorer le Tout-Puissant selon sa foi et les lumières de sa raison ; que c'est par la persuasion que l'on doit ranimer et propager les croyances ; que l'intelligence est essentiellement libre, et qu'aucune autorité n'a le droit de lui imposer une foi. Mais, comme si la somme des maux qui pèsent sur l'humanité devait toujours être égale, ce monstre s'est reproduit sous une forme non moins hideuse ; il a envahi la politique. A mesure que le fanatisme de croyances diminue ou s'éteint, le fanatisme d'opinions le remplace : celui-là commande une foi religieuse; celui-ci prescrit une foi politique; et, se traduisant en force matérielle, comme son aîné, il a déjà fait verser bien des larmes et répandre beaucoup de sang. Combien de temps encore le souffle empoisonné de ce génie infernal fascinera-t-il la raison humaine? je n'ose répondre.

Quoi qu'il en soit, lorsqu'on agit efficacement pour ranimer la foi catholique ou pour propager cette religion, on *catholise* la nation qui subit l'effet de cette influence morale. Le verbe *catholiser* est le seul mot possible pour rendre l'idée que je viens de définir. Le composé *décatholiser* exprimerait l'action contraire, et les participes *catholisé, e,* et *décatholisé, e,* exprimeraient les qualités acquises, c'est-à-dire, qualifieraient les individus et les peuples qui auraient subi l'action exprimée par l'infinitif.

Ces réflexions sont applicables à toutes les religions et à toutes les sectes. Pour former les verbes qui représenteraient l'influence de la persuasion dans le sens des religions et des sectes, il faudrait donner la forme verbale aux substantifs.

MONARCHIE, RÉPUBLIQUE.

Les opinions s'étendent et se propagent comme les croyances. Les antiques bases de l'ordre social s'écroulent avec fracas, et ont déjà enseveli sous leurs décombres grand nombre de victimes. Presque toutes les nations de l'Europe sentent le prix de la liberté ; quelques-unes ont fait de vains efforts pour la conquérir. Il serait temps que les monarques profitassent des terribles leçons de l'expérience, et accordassent des garanties et des libertés aux peuples qu'ils gouvernent. C'est le meilleur moyen de prévenir les catastrophes dont ils sont menacés. Au reste, il n'est pas certain que les concessions les plus étendues soient efficaces. La nature humaine est en proie à un malaise indéfinissable; elle rêve une perfection chimérique qu'elle ne peut acquérir.

L'opinion républicaine a beaucoup de partisans; l'opinion monarchique en a davantage, non que l'on soit parfaitement d'accord sur les conditions les plus avantageuses de chaque forme de gouvernement. Chacun fait son utopie de monarchie et de république. Chacune de ces opinions exerce son influence sur plus ou moins d'individus, en raison des préjugés qu'elles ont à combattre, des préventions qu'elles ont à surmonter. Dans quelques pays, elles ont été alternativement victorieuses et vaincues; partout elles suivent une marche ascendante ou rétrograde, en raison des circonstances et des événemens qui *impressionnent* les peuples. Lorsque les opinions et les institutions monarchiques prévalent par une influence quelconque, on *monarchise* le peuple qui éprouve l'effet de cette influence. Quand les opinions et les institutions contraires triomphent, on *républicanise* les nations qui subissent l'effet d'une influence contraire. Les verbes *monarchiser* et *républicaniser* sont des mots propres absolument indispensables pour exprimer les actions que je viens de décrire.

Prévention, subst. abstrait.

Il me semble que nous devrions avoir un verbe et deux adjectifs immédiatement dérivés de ce substantif. Je sais que le verbe *prévenir* supplée imparfaitement à celui qui nous manque. Mais, d'après ma manière de sentir, ce mot ne rend pas exactement l'action dont la prévention est l'effet ; il faudrait pour cela donner la forme verbale à ce substantif, pour former le verbe *préventionner*, qui signifierait : *donner* ou *inculquer des préventions*. Ce mot n'aurait que cette acception unique.

L'adjectif *préventionnable* dériverait naturellement de ce verbe ; il servirait à qualifier les personnes que l'on jugerait susceptibles de recevoir facilement les préventions.

Le substantif *prévention* peut et doit revêtir la forme adjective *if, ive* : *préventif, préventive ; qui a la force, le pouvoir de produire la prévention.*

Lorsque cette idée abstraite aura revêtu les formes que je viens d'indiquer, on pourra exprimer l'action qui la produit et les qualités qui participent de sa nature. Ces mots seraient d'autant plus utiles, que nous avons souvent l'occasion d'émettre les idées qu'ils représenteraient, et que, plus nous étudierons l'homme moral et intellectuel, plus aussi nous en sentirons le besoin. La science du langage n'est autre que celle de l'intelligence humaine. La dernière est l'original ; la première est la copie ; celle-ci sera défectueuse, tandis qu'elle ne reproduira pas exactement celle-là.

Le spectacle le plus intéressant et le plus pénible que présente la nature humaine à l'observateur attentif, c'est de voir tous les hommes courbés sous l'empire presque despotique des préventions et des préjugés, tandis que chacun d'eux croit agir et penser d'après ses propres inspirations. Comment serait-il possible à l'homme de se soustraire à leur influence ? ils se reproduisent sous toutes les formes.

Il existe des préjugés et des préventions religieux, philosophiques, vulgaires et nationaux.

Préventions et préjugés de caste, d'état, de situation, d'éducation, d'instruction, de lecture, de société, de science, d'art, de caractère, d'habitude, d'âge, d'époque, etc.

L'homme le plus judicieux est celui qui a le moins de préjugés et de préventions; je ne dirai pas l'homme qui en est exempt, car celui-là n'exista jamais. Remarquons aussi que, généralement, ceux qui croient avoir secoué le joug de ces causes d'erreurs, sont précisément ceux qui y sont les plus soumis, les plus serviles. La vérité est un point central où l'esprit s'arrête rarement; il passe presque toujours d'une extrémité à l'autre; il ne se débarrasse d'une erreur, qu'en adoptant une erreur opposée.

Si nous avions le pouvoir de dégager notre esprit des préventions et des préjugés qui l'offusquent, les vérités morales auraient pour nous l'évidence des vérités physiques. Presque tous les hommes sentent le froid et le chaud, voient le blanc et le noir, sentent les saveurs, les odeurs, etc., à peu près de la même manière; de même aussi, ils seraient unanimes sur les conditions du bien et du mal, de l'utile, de l'avantageux, sur toutes les vérités de l'ordre moral et intellectuel. Sans doute que tous les esprits ne seraient pas, plus que maintenant, assez étendus pour embrasser tous les ordres de conception; mais chacun, dans sa sphère, concorderait avec le sentiment général.

Maintenant et toujours, les vérités morales sont empreintes de nos préjugés et de nos préventions.

Ce qui semble un bien aux uns, paraît un mal aux autres; les uns désirent ce que les autres abhorrent. De là naissent ces opinions diverses qui agitent la société, ces coteries qui la fractionnent, ces nuances qui les séparent. Le sage, recueilli en lui-même, profondément ému de tant de faiblesses et de misère, gémit sincèrement sur les suites funestes et inévitables des préjugés et des préventions de toutes espèces qui nous assiègent, et dont nous sommes les victimes. Jamais ses lèvres ne profèrent des cris de fureur; jamais son cœur ne forme de vœux sanguinaires. Il ne voudrait ressembler ni au lion rugissant, ni au tigre féroce.

L'esprit humain se prête merveilleusement, par paresse et par impuissance, à toutes les erreurs, à toutes les illusions, à tous les prestiges.

Par paresse. Il est plus commode d'adopter, sans examen, les opinions, les préjugés et les préventions d'autrui, que de penser et de réfléchir soi-même, d'envisager les faits et les questions sous tous les aspects, pour en calculer les probabilités, pour en déduire les conséquences.

Par impuissance. Les facultés intellectuelles de beaucoup de personnes sont tellement bornées, qu'elles n'ont point le pouvoir d'envisager l'ensemble d'une question, les probabilités d'un fait, les conséquences d'un principe ou d'un événement. Incapables de se livrer à une investigation approfondie, elles seront toujours traînées à la remorque des personnes influentes. Le maître parle, l'esclave niais approuve et applaudit. Ces personnes ne sentent ni leur servitude, ni leur inconséquence; elles sont satisfaites de leur esprit: ainsi, elles ne méritent ni blâme, ni pitié.

Quant aux personnes qui ont la puissance d'acquérir des notions étendues sur les questions morales et politiques qui intéressent la société, je les engage à faire tous leurs efforts pour recouvrer ou conquérir la dignité d'être pensant, qui est la plus belle et la plus précieuse des prérogatives qui soient départies à l'homme. C'est en pensant d'après ses propres inspirations, en réfléchissant et en méditant selon ses propres lumières, que l'on se forme une opinion indépendante, autant qu'il est donné à l'esprit humain d'être indépendant. C'est par ce moyen qu'on apprécie l'importance et les suites des événemens, qu'on découvre les piéges tendus à notre crédulité, les faits controuvés, ou les circonstances imaginaires ou exagérées qui dénaturent les faits réels, les suggestions intéressées, les insinuations mensongères et perfides, la noire médisance, l'affreuse calomnie, etc. Sans doute que nous sommes tous faillibles, mais on se trompe plus rarement en consultant les lumières de sa raison, qu'en suivant les inspirations qui nous sont suggérées par des personnes qui peuvent être dans l'erreur, ou qui sont intéressées à nous y induire.

Docile, docilité, docilement, indocile.

Manque *dociliser, dociliable,* et *dociliatif, ive.*

La docilité n'est pas toujours une qualité naturelle; elle peut être acquise de deux manières: premièrement, par les efforts de l'être qui en sent l'utilité ou l'importance, relativement à sa situation ou à son état; secondement, elle peut être l'effet de moyens extérieurs, doux ou violens. Le verbe *dociliser* serait le mot propre pour exprimer l'action extérieure ou l'acte intérieur qui produit la docilité. Nous suppléons ce mot par le verbe composé *rendre docile* ou *devenir docile*.

Comme tous les êtres n'ont point les mêmes dispositions à devenir docile, cette qualité peut être envisagée sous le rapport de ces dispositions. L'adjectif *dociliable* exprimerait l'affirmative, et *indociliable* la négative.

Le participe passé *docilisé, e*, indiquerait la qualité acquise, avec rapport à l'action qui l'aurait produite et à l'être qui la posséderait. L'adjectif *docile* désignerait simplement une qualité naturelle ou acquise.

Nous avons déjà remarqué, au chapitre des adjectifs spéciaux, que l'esprit considère chaque nature de qualités au moins sous trois aspects, et que chaque série d'idées d'opposition et de participation doit avoir au moins trois termes pour exprimer les trois degrés correspondans à ces trois vues de l'esprit.

Nous observerons présentement que les qualités représentées par les adjectifs ne sont ordinairement que des effets, et qu'ils supposent une cause et une action antérieure ou simultanée à leurs acquisitions. D'où il résulte que chaque adjectif doit avoir un verbe corrélatif pour exprimer l'action qui produit la qualité qu'il représente.

La série qui représente les qualités physiques *sec*, *humide* et *mouillé*, n'a que deux verbes corrélatifs, qui sont *sécher* et *mouiller*; la qualité intermédiaire *humide* n'a point de verbe correspondant. Cependant, l'humidité étant une qualité transitoire, presque tous les objets passent par le degré qu'il désigne, avant d'acquérir les qualités extrêmes que représentent les mots *sec* et *mouillé*.

Le mot propre pour exprimer l'action qui donne
cette qualité serait *humider,* qui signifierait *rendre*
ou *devenir humide.* C'est par ce verbe composé qu'on
supplée à celui que j'indique.

La série qui qualifie les êtres sous le rapport de
la taille est encore plus défectueuse. Elle se compose des mots *grand, médiocre* et *petit,* et n'a qu'un
seul verbe corrélatif; car le verbe diminuer qui
correspond indirectement à *petit* est un mot impropre pour exprimer l'action de *rendre* ou de
devenir petit. Cette acception forcée répugne à la
raison. Le mot insolite *di-mi-nu-er* n'a aucun rapport de forme avec le mot petit qui y correspond
abusivement.

On ne peut indiquer la cause de cette inconséquence sans recourir à l'étymologie de ce mot,
qui est dérivé, en dernier lieu, du latin *diminuere;*
mais les Latins l'avaient puisé dans la langue grecque, et, peut-être, et probablement même, que
les Grecs l'avaient reçu d'un peuple antérieur ou
d'un peuple contemporain. De sorte que ce mot a
déjà appartenu à plusieurs langues, et a subi des
altérations dans les dérivations successives qu'il a
éprouvées. L'histoire de ce mot est applicable à
beaucoup d'autres. Je reviens à la série de taille
que cette digression m'a fait quitter trop tôt.

Je ne connais qu'un moyen qui puisse nous procurer un verbe corrélatif de *petit ;* ce serait de
donner la forme verbale à ce mot. Nous avons le
verbe *grandir* qui correspond exactement à *grand.*
Quant à la qualité intermédiaire, *médiocre,* nous
n'avons aucun verbe pour exprimer, ni directement, ni indirectement, l'action dont elle est l'effet. Cependant, cette qualité n'est pas permanente;

elle n'est que relative comme les autres, et peut, comme elles, être acquise et perdue.

Si la quantité pouvait compenser la qualité, nous n'aurions pas sujet de nous plaindre. Nous avons deux qualités qui peuvent être considérées comme intermédiaires entre *grand* et *petit*; mais malheureusement cette abondance est bien stérile. L'adjectif *moyen* exprime aussi indirectement une taille *médiocre*; mais c'est encore ici un de ces mots insolites et vagues dont la forme ne détermine point la valeur. D'un autre côté, ce mot n'a point de verbe corrélatif et ne peut en avoir; le verbe moyenner qui y correspond pour la forme n'y a aucun rapport de signification. Cette bizarrerie provient de ce que moyen est aussi substantif, et c'est à ce dernier que le verbe se rapporte indirectement. Cet obstacle se rencontre fréquemment en notre langue; plusieurs séries de voix s'y croisent et s'y heurtent; plusieurs de celles qui se ressemblent expriment des idées différentes ou opposées. Dans ce cas, la filiation est rompue; la forme n'est plus en rapport avec l'esprit qui la vivifie et qu'elle représente : de là, désordre et confusion.

La série qui sert à qualifier les êtres sous le rapport de la bonté se compose des trois mots *bon*, *médiocre*, *mauvais*. Ainsi, l'adjectif vague *médiocre* sert d'intermédiaire dans cette série comme dans la précédente, quoique les idées qu'elles expriment soient bien différentes. C'est à la pénurie de mots propres qu'il faut attribuer cette double et impropre fonction.

Nous avons déjà remarqué que *médiocre* n'a point de verbe corrélatif; ainsi c'est un effet sans cause. L'adjectif *bon* a pour corrélatif indirect *bonifier*. L'adjectif *mauvais* est un mot isolé, sans affinité, ni liaison, un effet qui ne procède d'aucune cause.

La santé est l'état habituel des êtres animés; la maladie est l'état opposé; entre ces deux états, il y a deux situations transitoires, l'indisposition et la convalescence; la première désigne le premier degré de la maladie; la dernière, le premier degré de la santé; celle-là indique une situation descendante, celle-ci une situation ascendante.

La maladie est l'effet d'une ou de plusieurs causes. On sait, par une expérience journalière, que des causes physiques et morales influent sur la santé en bien et en mal, l'altèrent, la détériorent, la détruisent, ou l'améliorent, et la fortifient selon leurs natures, l'intensité et la durée de leurs actions.

Ainsi, ces états et ces situations sont des effets qui ont pour causes, apparentes ou occultes, des actions physiques ou morales, naturelles ou artificielles. Dès lors, il y a nécessité de créer des mots pour exprimer les actions qui les produisent. Nous n'avons pas un seul verbe simple pour rendre ces vues de l'esprit; nous suppléons à ces lacunes par les verbes composés *tomber malade*, ou *rendre malade; entrer en convalescence, recouvrer la santé*, ou *rendre la santé*, etc. Toutes ces locutions sont impropres, mais elles seront indispensables tandis que nous n'aurons pas les verbes simples dont elles tiennent lieu.

Plusieurs des sentimens et des affections pénibles que l'homme éprouve, ont des verbes corrélatifs pour exprimer les actions dont ils sont les effets. D'autres n'en ont pas qui seraient également susceptibles d'en avoir. *Peine, chagrin, souffrance* ont pour corrélatifs *peiner, chagriner souffrir;* mais *ma-*

laise, *mal*, *douleur*, etc., n'ont point de verbe correspondant, quoique les sentimens qu'ils représentent soient aussi produits par les actions de causes intérieures ou extérieures, apparentes ou occultes.

Des lacunes semblables existent dans les séries de mots qui servent à exprimer des sentimens agréables. *Joie*, *satisfaction*, *contentement* ont pour verbes corrélatifs *égayer*, *satisfaire*, *contenter ;* mais *agrément*, *plaisir*, *volupté*, etc., n'ont point de verbe correspondant.

D'autres mots exprimant des mouvemens de l'ame ou des sentimens pénibles, qui sont nécessairement les effets de causes très-agissantes, n'ont point de verbe pour exprimer les actions qui les produisent. Voici cette série dressée selon l'ordre progressif : *apprébension*, *crainte*, *peur*, *frayeur*, *terreur*, *épouvante*. Ces sentimens sont plus ou moins énergiques, mais ils sont tous de la même nature. Quatre de ces six mots ont des verbes corrélatifs, deux n'en ont pas, ce sont *peur* et *terreur*.

Je crois avoir indiqué sommairement les différentes espèces de verbes qui nous manquent. J'établirai, en principe, que tous les adjectifs représentant des qualités doivent avoir des verbes corrélatifs, servant à exprimer les actions dont ils sont les effets. Je sais fort bien qu'on ne peut appliquer rigoureusement ce principe à notre langue, parce qu'elle n'est point une institution naissante qu'on puisse rectifier au gré de ses désirs. Mais si jamais l'esprit humain conçoit et effectue une langue bien faite, je suis persuadé que cette règle y sera observée.

Les substantifs abstraits peuvent, sous ce rap-

7

port, être assimilés aux adjectifs; car ces mots ne représentent que des qualités considérées d'une manière générale. Il n'y a que les substances réelles et les êtres métaphysiques que nous puissions considérer d'une manière presque absolue, tels que *soleil, terre, feu, eau, montagne, pierre,* etc., dans l'ordre physique; et *dieu, ange, démon,* etc., dans l'ordre métaphysique. Quant aux substantifs abstraits, tels que *grandeur, bonheur, joie, satisfaction, pouvoir, puissance, fortune, adversité, douleur, peine, rondeur, blancheur,* etc., ils ne représentent que des abstractions, c'est-à-dire, des qualités ou des affections séparées par l'abstraction des êtres qui les possèdent ou qui les éprouvent; mais notre pouvoir d'abstraire n'est pas assez étendu pour que nous puissions en faire des êtres absolument indépendans. Ces mots participent de la nature des substantifs et de celle des adjectifs : des substantifs, en ce que notre esprit peut les considérer d'une manière plus ou moins générale; des adjectifs, en ce que l'être qui possède la qualité est toujours sous-entendu. Par exemple, le mot *jouissance* ne réveillerait en nous aucune idée positive, s'il ne contenait pas implicitement l'idée de l'être qui jouit. *Joie, plaisir, satisfaction,* expriment des sentimens que nous ne comprendrions pas, s'ils ne réveillaient en nous l'idée de l'être sensible qui les éprouve.

CHAPITRE XI.

SÉRIES DÉFECTUEUSES.

Substantifs de contenu.

Un voile impénétrable nous dérobera toujours notre nature intime, et celle des êtres qui nous environnent. Cette vérité incontestable est bien propre à confondre notre sotte vanité et notre orgueil ridicule.

Les substances les plus accessibles à nos investigations ne nous sont connues que par les formes qu'elles affectent, par les qualités ou les propriétés qu'elles possèdent. C'est en vain que nous analysons les corps : les principes en sont insaisissables.

En conséquence de nos facultés physiques et intellectuelles, nous percevons les qualités des substances, telles que la forme, le volume, la couleur et toutes les propriétés apparentes qu'elles possèdent et qui les distinguent : aussi chaque substance nous apparaît revêtue des qualités qui la manifestent, et le *nom-substantif* réveille toujours en nous l'idée de ces propriétés et de ces qualités.

L'une des qualités remarquables des substances est d'en contenir habituellement d'autres; nous avons même beaucoup d'objets artificiels qui sont destinés exclusivement à cet usage. Je désignerai sous la dénomination de *substantifs de contenance* tous ceux qui possèdent cette qualité, ou qui servent à cette destination. Je remarquerai encore que tous ces mots présentent implicitement à l'esprit l'idée de la capacité de contenance et celle des objets qu'ils contiennent habituellement. Ainsi, chaque substantif de contenance devrait avoir un corrélatif de contenu qui en procédât immédiatement, comme l'effet de sa cause. Nous avons quelques substantifs de cette espèce; quoiqu'ils ne soient pas nombreux, ils peuvent servir de type pour les dérivations ultérieures, si on se décidait à en effectuer.

Potée, substantif de contenu, dérive du subst. de contenance *pot*.

Batelée dérive de *bateau; chambrée* de *chambre; maisonnée* de *maison*, etc.

Tous ces substantifs secondaires sont des mots propres, intelligibles et expressifs. Il est fâcheux qu'on n'ait pas persisté dans cette voie, car on eût formé de nombreux dérivés d'une utilité incontestable, qui eussent contribué à rendre le discours plus concis et plus exact, puisqu'ils eussent procuré un moyen facile de débarrasser l'émission de la pensée de plusieurs élémens sonores.

Chaque substantif de contenu équivaut à plusieurs mots. Pour s'en convaincre, il suffit de remplir les ellipses qu'ils opèrent. *Chambrée* équivaut à cette locution : *tous les soldats qui logent dans la même chambre. Batelée* signifie *la charge d'un bateau*. Il en est de même de tous les autres. Que l'on apprécie, d'après ces exemples, l'avantage qu'on eût pu tirer d'un moyen si simple et si conforme au génie de notre langue.

Les substantifs de contenu seraient nombreux, si on avait consulté la nature des idées qu'ils re-

présenteraient, qui émanent directement de notre
manière d'envisager les objets, comme je l'ai établi
précédemment. Le propre de beaucoup de substances naturelles et d'objets artificiels est d'en contenir d'autres, soit intérieurement, soit superficiellement.

SUBSTANTIFS DE CONTENANCE INTÉRIEURE.

*Vaisseau, navire, barque, bateau, chaland; tonne,
barrique, baril; bouteille, caraffe, verre, tasse; lac,
étang, rivière, fontaine, puits; église, chapelle, maison, chambre, magasin; armoire, buffet, commode, etc.*

SUBSTANTIFS DE CONTENANCE SUPERFICIELLE.

*Champ, prairie, jardin, verger, ville, village,
bourg, place, chemin; arbre, plant,* et une quantité
considérable d'autres.

Les tonnes, les barriques, les verres, les bou-
teilles, etc., sont des objets d'art, destinés à contenir des liquides.

Les soupières, les plats, les assiettes, et toutes
les vaisselles sont destinés à contenir des alimens.

Les villes, les villages, les places, les maisons,
les chambres, etc., contiennent habituellement
des personnes et des choses.

Les champs, les prairies, les jardins, les vergers,
etc., contiennent superficiellement des végétaux
et des fruits de toutes espèces, toutes les productions naturelles qui servent à alimenter le règne
animal.

Les arbres et les plantes produisent et contiennent superficiellement des feuilles, des fleurs, et des fruits de toutes les espèces.

Les armoires, les buffets, les commodes, etc., contiennent habituellement du linge, des hardes et des vaisselles.

L'analogie indique le moyen que l'on doit employer pour former les substantifs de contenu. Il est bien simple, puisqu'il consiste ordinairement dans la désinence *é* ajoutée au substantif de contenance : d'*arbre*, on dériverait *arbrée*; d'*armoire*, *armoirée*; de *barrique, barriquée*; de *verre, verrée*, etc. Si nous avions ces mots, nous dirions brièvement et exactement : *une arbrée de fruits, une armoirée de hardes, une magasinée de marchandises*, etc. Présentement, nous sommes forcés de nous exprimer de cette manière : *un arbre qui contient beaucoup de fruits; une armoire remplie de hardes; ou une armoire dans laquelle il y a beaucoup de hardes; un magasin rempli de marchandises; ou un magasin qui contient beaucoup de marchandises*, etc. Ces mots exprimeraient également bien le plein absolu et le plein relatif.

Mais le principal inconvénient qui résulte de la lacune que je signale, c'est qu'elle a occasionné l'usage de locutions impropres et ridicules, lorsqu'on les considère sans préjugé ni prévention. Je le demande à toutes les personnes intelligentes, qui savent apprécier la valeur des mots et des idées qu'ils représentent : y a-t-il rien de plus absurde aux yeux de la raison que ces locutions vicieuses : *un verre* (1) *de vin, une bouteille de liqueur*,

_____

(1) Dans ce cas et dans tous les cas analogues, la voix *de* est employée comme particule extractive; mais la signification qu'on

une tasse de café, un plat de poulets, etc. ? En vérité,
il faut que l'habitude ait le pouvoir de nous fami-
liariser avec les absurdités les plus grossières, puisque nous ne remarquons pas celles que je signale.
Nous disons avec vérité et exactitude : *une bague
d'or, un chapeau de paille, un plat d'argent, un cou-
vert de vermeil, un service de porcelaine*, etc. Dans
toutes ces phrases, on s'exprime conséquemment;
car le dernier substantif y qualifie le premier, et
en détermine la nature. Lorsque l'on dit : un *chapeau de paille*, le mot *chapeau* désigne l'objet con-
fectionné, et le mot *paille* en désigne la nature ;
la préposition *de* indique le rapport de l'objet à la
matière dont il est formé. Appliquons le même
raisonnement à *verre de vin*, pour en faire ressortir
l'incohérence. Il est évident que *vin* devrait désigner la matière du verre, et non point la nature
du liquide qu'il contient. Pour exprimer la pensée
explicitement et correctement dans l'état d'imperfection où est le français, il faudrait dire : *un verre
contenant du vin*; ou *un verre empli de vin*; *une barrique pleine de cidre*, ou *une barrique contenant du
cidre*, ou *une barrique dans laquelle il y a du cidre*.

Les substantifs de contenu obvieraient à toutes ces
longueurs et à ces contre-sens. Le propre de ces
mots serait de représenter, dans une expression
concise, l'idée du contenant, de la qualité de contenance, inhérente à sa forme ou à sa nature, ainsi

lui donne dans ces constructions est si forcée, si contraire à sa
nature, qu'elle répugne à la raison; et je suis persuadé qu'on
ne s'en est d'abord servi dans ce sens que par nécessité, pour
suppléer, approximativement, aux mots propres qui nous manquent; c'est-à-dire, aux substantifs de contenu.

que du contenu actuel. Le substantif final indiquerait la nature de ce dernier.

Je prévois que la routine, stationnaire comme le dieu Terme, ennemie déclarée de tous les perfectionnemens, ne manquera pas de me susciter quelques difficultés, de me faire quelques objections spécieuses. Je vais y répondre d'avance.

Mais, me dira-t-on peut-être, votre entreprise est inconsidérée et téméraire. Jamais personne n'aurait proposé rien de semblable. Novateur imprudent, vous vous livrez sans défense aux traits acérés du ridicule, aux sarcasmes mordans, à l'ironie amère. Vous méritez le sort qui vous est réservé; car à quoi bon ces nombreux intrus que vous proposez d'admettre dans notre langue? Vous dites que le français n'est pas assez riche. N'a-t-il pas de nombreux chefs-d'œuvre qui démentent cette assertion? D'ailleurs, tous ces mots nouveaux sont frappés de réprobation et d'anathême, ce sont des barbarismes. D'ailleurs encore, tous ces enfans de votre imagination ont l'air bizarre et étrange, jamais on ne les adoptera.

Je conviens que les mots nouveaux ressemblent à ces figures hétéroclites qui paraissent étranges au premier aspect; mais on s'y habitue facilement, comme l'expérience le prouve, surtout lorsque des qualités précieuses compensent l'étrangeté des formes. Il en sera de même de ces derniers venus de la famille. D'ailleurs, cet air d'étrangeté n'est qu'apparent : tous ces mots ont leurs types dans le français; ils ont tous les mêmes affinités que leurs prédécesseurs , les mêmes consonnances que leurs analogues. Je ne crois pas qu'on soit fondé à flétrir du nom de barbarismes, ni les dérivés néces-

saires et immédiats des mots qui existent, ni les
composés semblables à ceux que nous possédons.
Dans tous les cas, si tous les mots nouveaux sont
des barbarismes, on en a fait une très-grande
quantité depuis quarante ans; ainsi, cette objection tombe d'elle-même. Toutes les époques remarquables, tous les événemens importans, toutes les
découvertes utiles ont occasionné la création de
mots nouveaux, comme les idées qu'ils fesaient
naître.

Dès qu'on sent l'utilité d'un mot, soit pour représenter une idée nouvelle, soit pour rendre une
idée déjà ancienne, qui n'a pas d'expression propre, il y a nécessité de le former et de l'adopter.
Or, je n'en propose pas un seul sans démontrer
l'usage avantageux qu'on peut en faire, l'utilité ou
la nécessité de son adoption. Il n'y a que les esprits
superficiels qui puissent méconnaître la vérité de
cette proposition, l'exactitude de ce raisonnement.
Je me trompe, il y a aussi des esprits positifs, qui
ne manquent ni d'intelligence ni de savoir, et qui
abhorrent les innovations, sans se rendre raison
des conséquences de leur système de stabilité.
Ceux-là sont persuadés d'avance que la langue
française est assez riche, qu'elle suffit pour exprimer tous nos besoins, toutes nos idées et tous nos
sentimens, qu'il y aurait de l'imprudence à y ajouter la moindre syllabe. Arrêtez donc, leur dirais-
je, la marche ascendante de l'esprit humain; dé-
fendez à l'intelligence de faire des découvertes dans
le vaste domaine de la nature, et dans sa propre
essence; car, si elle acquiert de nouvelles notions,
si elle perfectionne les connaissances acquises, si
enfin elle conçoit de nouvelles idées, il faudra

qu'elle les manifeste par des mots nouveaux et intelligibles qui donneront une forme durable et
transmissible à ces images intellectuelles et fugi-
tives. Autrement, elles rentreraient dans le chaos,
dans le néant, et ne profiteraient ni à la génération présente, ni aux générations futures.

CHAPITRE XII.

Substantifs d'action.

Le propre du verbe est de représenter une action ou un état. Toute action qui a une durée fait naître une situation et produit souvent un résultat direct que l'on peut considérer substantivement, en fesant abstraction de l'action qui en est la cause immédiate. Je donne à ces mots la dénomination de substantifs d'action, en raison de la nature des idées qu'ils représentent. Quoique les idées de situations et de résultats soient bien différentes, nous n'avons qu'une seule forme pour les représenter, ou plutôt chaque verbe ne revêt qu'une forme pour manifester ces deux vues de l'esprit. Voici le mécanisme de la formation de ces substantifs secondaires : de *déménager*, v. a. et n., on a fait *déménagement ;* de *former, formation ;* de *fortifier, fortification ;* de *assujétir, assujétissement ;* de *négocier, négociation ;* de *camper, campement ;* de *contraindre, contrainte,* etc.

Nous avons encore plusieurs verbes qui n'ont point revêtu la forme de substantif d'action, et auxquels on doit l'imposer, parce qu'ils sont susceptibles de représenter l'idée de situation qui naît de la durée de l'action, ou l'idée du résultat de l'action, tels que *agir,* dont on ferait *agissement ; ameuter, ameutation ; personnifier, personnification ; défiler, défilement,* etc.

CHAPITRE XIII.

Substantifs d'abstraction.

Presque tous les adjectifs représentent des qualités concrètes, c'est-à-dire, des qualités unies à leurs sujets ; mais l'esprit peut considérer et considère en effet les qualités abstractivement, ou hors des sujets qui les possèdent. Alors l'idée acquiert une sorte de généralité et d'indépendance ; elle passe à l'état de substantif. Cette vue de l'esprit est manifestée par une forme accessoire, qui, comme presque toutes les autres, a la double propriété de modifier le primitif et de lui donner une nouvelle signification. Voici le mécanisme de cette modification : de *rond*, qualité concrète, on a fait *rondeur*, qualité abstraite ; de *blanc*, on a fait *blancheur ;* de *grand*, *grandeur ;* de *sage*, *sagesse ;* de *riche*, *richesse ;* de *pauvre*, *pauvreté ;* de *fort*, *force*, etc. Ainsi, on a affecté plusieurs formes à cette modification.

Tous les adjectifs qui peuvent être envisagés abstractivement, doivent passer à l'état de substantif, en revêtant l'une des formes usitées en notre langue pour représenter cette modification ; alors tous ces adjectifs auront des substantifs corrélatifs. Nous avons plusieurs adjectifs qui n'ont point encore revêtu cette forme et auxquels on doit l'imposer, parce qu'on peut les envisager abstractivement, tels que *vert, jaune, gris, gras, étroit, nébuleux, étrange, antérieur, actuel, postérieur,* etc.

CHAPITRE XIV.

Résumé de la théorie des formes accessoires.

Nous avons encore quelques formes secondaires moins importantes, dont je ne m'occuperai pas. Je vais tracer rapidement le résumé de la théorie des formes accessoires.

Une idée principale est celle qui possède une existence indépendante; telle est, dans l'ordre physique, celle dont le mot *terre* est l'image ; et, dans l'ordre moral, celle qui est représentée par le mot *vertu*. Telles sont aussi toutes les idées originales de toute espèce.

L'idée subordonnée tire son origine, immédiatement ou médiatement, d'une idée principale, sans laquelle celle-là ne pourrait exister. Il y en a de plusieurs espèces.

Tous les substantifs secondaires, tous les verbes dérivés, tous les adjectifs dérivés et les adverbes adjectifs ou de manière, représentent des idées subordonnées, parce qu'elles ne sont que des modifications des idées principales. Ainsi, les substantifs de contenu, d'action et d'abstraction, les adjectifs de prévision, de puissance et de nature, représentent tous des idées subordonnées ; il en est de même des adjectifs négatifs, des verbes réduplicatifs et d'opposition, etc.

Les idées principales sont représentées par des primitifs; cette dénomination n'est que relative et non point absolue. Je donne cette qualification à tous les mots, si complexes qu'ils soient, qui subissent une nouvelle modification. La nécessité m'a forcé à adopter cette dénomination souvent impropre; car il n'y a de vrais primitifs que les radicaux.

Toutes les idées subordonnées sont formées par une opération purement matérielle, en ajoutant des voix accessoires aux primitifs. Chaque voix accessoire et chaque modification vocale représentent des idées modificatives et déterminatives, ou simplement accessoires.

Nous n'avons proprement que deux espèces d'idées accessoires qui ne soient point modificatives et déterminatives, ou qui n'affectent point essentiellement les idées auxquelles on les ajoute; ce sont les idées de genre et de nombre qui sont plus spécialement représentées par les particules isolées que nous nommons articles (1).

Toutes les autres particules initiales et désinentielles représentent des idées modificatives et déterminatives, c'est-à-dire, des idées qui affectent les principales, qui modifient celles-ci sans les absorber.

C'est ainsi qu'en ajoutant aux adjectifs et aux

(1) Souvent l'idée de genre est absorbée par l'idée de pluralité; c'est une imperfection irrémédiable. Par exemple, lorsque l'on dit, *la* table, les idées du genre féminin et du nombre singulier sont explicitement exprimées par l'article *la*; mais quand nous disons *les tables*, l'idée de genre est absorbée par l'idée de pluralité; celle-ci a, alors, une expression vocale et deux signes visibles, tandis que l'idée de genre n'a ni signe, ni expression.

substantifs les désinences verbales *er*, *ir*, *oir*, et *re*, représentant des idées d'action ou d'état, on change la nature de ces mots et celle des idées qu'ils représentent; on leur impose le caractère de verbe et on en fait les images exclusives des idées d'action et d'état, mais participant, sous cette forme, de la nature des idées modifiées, qui en sont les parties élémentaires. C'est ainsi encore que la voix accessoire *ble*, qui est l'image de l'idée de prévision, modifie le primitif auquel on l'ajoute, et change la nature de l'idée qu'il représente. Que la voix *if*, représentant l'idée de puissance, en modifiant le primitif, en fait la représentation d'une idée différente et distincte.

Que les voix désinentielles *eux*, représentant l'idée de nature; *e*, l'idée de contenu; *ment*, l'idée de manière; *on* et *ment*, les idées de situation et de résultat; que les voix initiales *in*, *de* et *re*, représentant les idées de négation, de réduplication et d'opposition, impriment aux primitifs auxquels on les ajoute des caractères différens et déterminés par la nature des idées qu'elles représentent.

Toutes ces idées modificatives et déterminatives ont la propriété de dominer les idées principales, et de les présenter sous d'autres aspects: l'image d'une substance ou d'une qualité est transformée en celle d'une action; celle-ci, en celle d'une qualité; cette dernière, en celle d'une modification déterminative, etc. Mais, dans toutes ces métamorphoses, la partie élémentaire de l'idée reste inaltérable.

CHAPITRE XV.

Articles et prépositions.

Je n'ai remarqué aucune lacune dans les articles, ni dans les prépositions ; c'est pourquoi je ne m'y arrêterai pas long-temps. Les premiers servent à déterminer les substantifs qu'ils précèdent ; les dernières, à indiquer les rapports et les situations.

La fréquente répétition des articles ralentit la manifestation de la pensée et l'embarrasse dans des élémens superflus ; car ces mots n'étaient point originairement nécessaires ; les circonstances du discours, les adjectifs et les verbes eussent suffi pour déterminer les substantifs ; mais l'habitude a rendu ces mots indispensables, et on ne pourrait présentement s'en passer. Aussi, je me bornerai à remarquer que la langue latine n'a point cet élément du discours, et que cette circonstance contribue puissamment à la rendre rapide, concise et énergique.

Les prépositions sont un élément indispensable; l'usage qu'on en fait est assez judicieux. Je ferai néanmoins observer qu'on pourrait quelquefois les omettre, sans nuire à la clarté. Il en est de même des articles.

8

CHAPITRE XVI.

De la forme elliptique.

Le langage vocal a éprouvé des améliorations et des accroissemens successifs, comme toutes les institutions sociales. La filiation des mots est une preuve matérielle de cette assertion. Le langage consistait originairement en quelques radicaux, exprimant les êtres les plus apparens de la nature, les objets de première nécessité et les sentimens les plus impérieux. Dans cet état de pauvreté et d'imperfection du langage oral, les phrases étaient implicites, on sous-entendait les idées circonstancielles qui n'avaient point encore d'expression vocale. Des gestes expressifs suppléaient imparfaitement à l'insuffisance de la parole. Cependant le langage articulé acquérait de nouvelles expressions, à mesure que l'intelligence fesait des progrès, et en raison des circonstances; enfin le langage devint abondant, et chaque idée principale était modifiée et déterminée par plusieurs idées accessoires: on analysait la pensée en toutes ses idées élémentaires. C'est ainsi que les phrases, d'abord laconiques et implicites, devinrent explicites et prolixes. C'est alors qu'on dut éprouver le besoin de réduire l'expression de la pensée, et qu'on créa les mots elliptiques qui re-

présentent plusieurs mots élémentaires, ou qui
en tiennent lieu. Les adverbes, les pronoms et les
conjonctions sont nés de ce besoin de brièveté et
d'exactitude. En effet, ces mots sont des expressions elliptiques qui ont la triple propriété d'a-
bréger l'émission de la pensée, de lier le discours
et d'obvier à l'inconvénient des répétitions fati-
gantes et monotones. Les phrases elliptiques, si
fréquentes et si peu remarquées, ont une semblable origine : le besoin de s'exprimer rapidement
a établi l'usage d'omettre plusieurs mots qui seraient indispensables, si l'on tenait à s'exprimer
explicitement. La création de ces formes abréviatives et l'usage des ellipses, qui ne nuisent point
à la clarté, sont des améliorations importantes dont
il convient d'étendre les bienfaits, autant que le
permet la nature du langage, c'est-à-dire, autant
qu'on peut abréger l'émission de la pensée, sans
nuire à sa manifestation intelligible.

Pour apprécier l'importance des mots essentiellement elliptiques, il convient de rappeler ici un
principe fondamental, presque inaperçu, que j'ai
souvent proclamé, et qui a exercé une grande
influence sur les formes du langage ; c'est que
l'opération de l'esprit qui produit la pensée est
très-rapide, comparée à l'acte de la parole qui la
manifeste. Pour s'en convaincre, il suffit de faire
un retour sur soi-même, de se rappeler un effet
que chacun de nous a éprouvé d'autant plus fréquemment qu'il possède une conception plus vive
et une imagination plus active.

Il arrive souvent qu'une pensée que nous avions
aperçue distinctement nous échappe, tandis que
notre voix analyse, avec une invincible lenteur,

celle qui la précède. L'esprit embrasse simultanément les êtres et leurs rapports, et l'organe re-
belle de la voix ne peut les exprimer que successivement et avec lenteur, ni la main les retracer
qu'avec une lenteur encore plus désespérante. Une
pensée qui nous avait apparu comme un trait de
lumière, s'obscurcit, s'évanouit ou s'éteint, tandis
que nous articulons ou que nous retraçons celle
qui la fait naître. Que de pensées utiles, intéres-
santes ou sublimes sont rentrées dans le néant par
notre impuissance à les énoncer aussi promptement qu'elles apparaissent! Que serait-ce donc si
nous ne possédions pas les expressions abréviatives
qui en facilitent la prompte émission, et qui en
établissent la subordination et la connexion?

CHAPITRE XVII.

FORME ELLIPTIQUE.

Adverbes.

Les adverbes ne sont point rigoureusement indispensables. On pourrait exprimer toutes les idées et toutes les modifications qu'ils représentent, sans leur secours ; j'en excepte la particule négative *ne*, qui est d'une nécessité absolue.

J'ai signalé l'inconvénient des articles et des prépositions de rapport, qui souvent embarrassent la pensée en des élémens superflus. Présentement, je dois faire remarquer les avantages que procurent les adverbes, qui produisent un effet diamétralement opposé, puisqu'ils équivalent à plusieurs mots. La plupart des adverbes sont postérieurs au nom, au verbe, à l'adjectif et à la préposition, tous élémens indispensables. Il me semble que les deux premiers sont de création primitive, et les deux derniers de création secondaire.

Quelques exemples suffiront pour démontrer que les adverbes abrègent le discours.

Beaucoup, équivaut à cette locution : *en grande quantité*.

Peu, tient lieu de ces mots : *en petite quantité*.

Moins : en quantité inférieure.

Plus : en quantité supérieure.

Où : en quel lieu.

Près : à une petite distance.

Loin : en lieu éloigné.

Hier : le jour dernier.

Avant-hier : le jour qui précédait le dernier jour.

Aujourd'hui : le jour actuel.

Demain : le jour qui suivra le jour actuel.

Après-demain : le jour qui suivra le prochain jour.

Premièrement : en premier lieu.

Présentement : dans le moment actuel.

Agréablement : d'une manière agréable.

Sagement : avec sagesse.

Admirablement : d'une manière admirable, etc.

On sentira facilement l'importance de ces adverbes, en les comparant aux locutions dont ils tiennent lieu.

Les adverbes d'affirmation et de négation *oui* et *non*, qui ont leur équivalent dans presque toutes les langues, sont particulièrement remarquables comme moyens elliptiques. Souvent ils remplacent des phrases assez longues. Par exemple, si l'on fesait cette question à une personne : *Irez-vous à Paris la semaine prochaine, comme vous l'avez promis à ces Messieurs qui vous firent une visite il y a un mois? Oui* serait la réponse affirmative, *non* exprimerait la réponse négative. Je supposerai maintenant la non-existence des mots *oui* et *non*, et je rechercherai le moyen que nous emploierions pour y suppléer. Il faudrait répéter une partie des mêmes mots ; on dirait, pour l'affirmative : *j'irai à Paris*; et pour la négative : *je n'irai pas à Paris*. Ces réponses ne sont catégoriques qu'à l'égard de la pre-

mière partie de la question, mais elles répondent
implicitement au surplus. Que ces phrases sont
prolixes, comparées aux monosyllabes *oui* et *non !*

Nous avons plusieurs espèces d'adverbes et de
particules adverbiales.

D'affirmation, de doute, de négation : *oui, peut-
être, non.*

De négations progressives : *ne, pas, point.*

De quantités progressives : *peu, beaucoup, tout.*

De quantités relatives : *guère, assez, trop.*

De comparaison : *moins, autant, plus.*

De temps : *hier, aujourd'hui, demain.*

De lieu : *où, là, ici.*

D'ordres absolus : *premièrement, secondement,
dernièrement.*

D'ordres relatifs : *d'abord, ensuite, enfin.*

De circonstances : *quelquefois, souvent, toujours.*

De manières : *sagement, passablement, follement.*

Je pense que nos adverbes réels, nos particules
et expressions adverbiales suffisent pour satisfaire à
tous nos besoins sous ce rapport. J'en excepte les
adverbes de manière qui ont un caractère plus général que les autres espèces, et qui méritent une
attention particulière. Je vais d'abord essayer de
déterminer la nature des idées que ces mots représentent.

Chaque adverbe de manière contient un adjectif
modifié par une désinence, qui en restreint la signification indéterminée à ne désigner qu'une circonstance définie.

Homme sage. Dans cet exemple, l'adjectif *sage*
qualifie le substantif *homme* d'une manière générale et invariable; mais, comme la sagesse consiste
dans l'ensemble des actions humaines, et que cha-

cune des actions qui concourent à cette fin peut
être envisagée séparément, il fallait que l'on trouvât un mot propre pour qualifier chaque action.
On a trouvé ce mot en donnant la désinence adverbiale *ment* aux adjectifs. On dit en conséquence :
Cet homme se conduit sagement, et non pas *se conduit
sage*. On voit que l'adverbe diffère de l'adjectif, en
ce que celui-ci qualifie les êtres d'une manière générale, et que celui-là qualifie les actions d'une
manière définie. Les adverbes servent aussi à modifier les adjectifs.

Les adverbes de manière sont nombreux; il y en
a beaucoup de modernes, et on en forme journel-
lement. Cette circonstance me donne l'espoir que
mes efforts ne seront pas entièrement infruc-
tueux. Puisque l'on crée des adverbes quand on
en éprouve le besoin et que l'on en sent la possibilité, on créera les autres espèces de mots qui nous
manquent, lorsque ces deux conditions se réuni-
ront en leur faveur.

Presque tous les adjectifs sont susceptibles de
revêtir la forme adverbiale. Je vais en citer quelques-uns seulement.

Instinctif, ive, adj., qui vient de l'instinct.

Instinctivement, adverbe à former.

Ce mot serait utile pour qualifier les actions ins-
tinctives.

Réflexif, ive, adj. de puissance à former. Ce mot
qualifierait le pouvoir, la propriété de *réfléchir*;
on en dériverait l'adverbe *réflexivement*, qui qualifierait les actions réflexives.

Impressif, ive, adj. de puissance à former. Ce
mot qualifierait la cause qui fait impression, le
pouvoir ou la propriété d'*impressionner*. On en dé-

riverait l'adverbe *impressivement*, qui servirait à qualifier les actions impressives.

Il serait superflu de multiplier les exemples; car l'expérience démontre que l'utilité de ces mots est parfaitement appréciée. Le moyen de les former est à la portée des intelligences les plus communes. Il est évident que, plus on formera d'adverbes de manière, plus aussi on rendra la langue elliptique, énergique et exacte. Je citerai encore un seul exemple à l'appui de cette assertion. *Paul se comporte admirablement*. Ici *admirablement* équivaut à cette locution : *d'une manière admirable*. Ainsi, cet adverbe est un mot propre qui abrège l'émission de la pensée, et qui la manifeste avec exactitude et énergie. Car il me semble qu'*admirablement* est bien plus expressif que *d'une manière admirable*. En général, l'énergie du langage, qui constitue cette puissance de persuader, de convaincre, d'émouvoir, est relative à la brièveté des expressions et à la consonnance des mots. Lorsque la pensée est prolixement rendue, elle produit peu d'effet. Ce sont les accens énergiques et les expressions rapides qui impressionnent, qui électrisent les auditeurs et les spectateurs.

Les mots sont si peu arbitraires, que l'on commettrait une inconséquence en proposant d'en ajouter un seul à une série quelconque, sans qu'il dérivât de son antécédent direct. Les adverbes de manière n'étant que des adjectifs modifiés, supposent toujours la préexistence ou la coexistence des adjectifs dont ils procèdent. Dans l'instant, je voulais indiquer quelques-uns des adverbes qui nous manquent, et je me suis vu arrêté par un obstacle que je ne pouvais franchir, sans rompre l'enchaî-

nement nécessaire des mots et des idées qu'ils représentent. Je n'ai pu former l'anneau inférieur
qu'après avoir créé celui qui le précède immédiatement. Je désigne les adjectifs de puissance
réflexif et *impressif*, qui seraient les générateurs des
adverbes *réflexivement* et *impressivement*, sans lesquels ces derniers seraient des hors-d'œuvres, des
effets sans causes.

CHAPITRE XVIII.

FORME ELLIPTIQUE.

Pronoms.

Le moyen le plus efficace que l'esprit humain ait inventé pour abréger le discours, pour approprier un peu l'effet matériel à la cause intellectuelle dont elle émane, consiste dans les pronoms. Quelques-uns de ces mots, et particulièrement les monosyllabes *le*, *la* et *les*, ont la propriété de représenter les idées contenues en des phrases entières. Mais, lorsqu'ils produisent cet effet presque merveilleux, ils représentent sommairement les idées principales et accessoires et non point les mots qui en sont les signes, et qui servent à les analyser. Je vais citer une phrase propre à démontrer l'importance de ces mots.

Avez-vous acheté le beau cheval gris et vigoureux qu'un inconnu vous proposa hier dans le parc? — Je l'ai acheté. Ici le pronom *le* représente l'idée principale et toutes les idées déterminatives et qualificatives qui s'y rapportent. *J'ai acheté* exprime l'affirmation. Je vais analyser cette phrase pour que l'on puisse apprécier les propriétés du mot unique qui la représente.

Le représente donc l'idée principale, *chèval*, et les idées qualificatives, *beau*, *gris* et *vigoureux*, ainsi que les idées déterminatives :

De circonstances : *proposé par un inconnu*;

De temps : *hier*; de lieu : *dans le parc*.

Je ne passerai pas sous silence un autre effet bien précieux que les pronoms produisent. Par ces mots, on obvie à l'inconvénient des répétitions fréquentes, qui eussent rendu le discours décousu, prolixe et monotone. J'ai essayé d'écrire quelques phrases complexes sans y employer de pronoms; je n'ai pu parvenir à rendre mes idées correctement. Non-seulement les répétitions y étaient très-nombreuses, mais encore le sens en était obscur, et l'expression monotone et fatigante.

Ainsi, les pronoms ont opéré une grande amélioration dans la contexture du discours, et facilitent la prompte émission de la pensée, en réduisant la forme à des proportions plus en rapport avec la promptitude des actes de l'intelligence. J'ose affirmer que jamais l'esprit humain n'inventera un moyen elliptique plus efficient. Il est fâcheux que quelques élémens du discours soient si défectueux, que la pensée ne peut se transmettre qu'en traversant des formes impropres et prolixes. Hâtons-nous de favoriser l'émission de cette essence spirituelle, en comblant les lacunes qui existent dans notre langue; c'est ainsi que nous approprierons un peu le moyen à la cause, que nous diminuerons cette force d'inertie que la matière oppose à l'action de l'intelligence.

●●

CHAPITRE XIX.

FORME ELLIPTIQUE.

. Conjonctions.

L'homme sensible qui médite sur le langage éprouve une surprise bien agréable en découvrant les merveilles de cette œuvre sublime de l'intelligence. C'est lorsqu'il est initié aux mystères de cette vaste conception, qu'il sent sa dignité d'ÊTRE PENSANT, et qu'il se félicite d'appartenir à l'espèce privilégiée qui a conçu et effectué une institution si admirable, qui porte l'empreinte de notre triple nature, physique, morale et intellectuelle.

Non, l'homme n'est point un être fortuit, produit par cette cause aveugle et impuissante que l'on nomme LE HASARD. Pour combattre cette assertion aussi téméraire qu'erronée, je n'invoquerai d'autre preuve que le langage. L'être qui possède la précieuse faculté de la parole était prédestiné pour l'état social, était le complément nécessaire de la création : car le moyen est toujours d'accord avec la fin. Aucun être ne peut franchir la sphère qui lui est assignée dans le plan général et harmonieux du vaste univers; aucun être, non plus, ne peut déroger essentiellement à sa nature spéciale.

C'était sans doute beaucoup que l'esprit eût trouvé le moyen ingénieux de matérialiser la pensée, de reproduire à l'extérieur les images sensibles des idées qu'il conçoit. Mais ce n'était pas assez d'avoir donné une forme aux idées principales et subordonnées, aux idées qualificatives et déterminatives, aux idées d'actions, de lieux et de rapports; car la parole n'eût formé que des tableaux épars, et l'effet magique eût manqué d'une condition importante, celle qui constitue l'ordre et la liaison. Il fallait donc, pour couronner l'œuvre intellectuelle, que l'on trouvât la conjonction, la copule qui servît de lien aux idées, de ciment au discours qui est l'ensemble des tableaux de la parole. Comment a-t-on trouvé ces mots précieux qu'on nomme conjonctions? c'est ce que je n'examinerai pas; mais j'indiquerai sommairement les qualités qu'ils possèdent.

Les conjonctions possèdent deux qualités importantes; elles lient les parties du discours, et elles abrègent l'émission de la pensée.

Elles lient le discours, en réunissant sous le même aspect plusieurs sujets, ou plusieurs propositions, ou en rappelant sommairement des idées déjà exprimées.

Elles abrègent la manifestation de la pensée, parce qu'elles sont des expressions elliptiques qui équivalent à plusieurs mots. Voici une phrase très-simple qui suffira pour démontrer que les conjonctions possèdent les deux propriétés que je leur attribue. *Pierre et Paul sont heureux.* Dans cet exemple, la copule *et* a pour effet de réunir, sous le même aspect, les sujets Pierre et Paul, afin de les qualifier conjointement par l'attribut *heureux.*

Tâchons présentement de déterminer avec exactitude en quoi consiste la propriété elliptique des conjonctions. A cet effet, reprenons la phrase déjà citée : *Pierre et Paul sont heureux.* Si nous étions privés de la particule copulative *et*, comment la suppléerions-nous? La réponse à cette question contient une démonstration rigoureuse. Dans ce cas, nous serions certainement obligés de diviser l'expression de cette pensée qui est maintenant unie par la conjonction. Nous en ferions deux propositions indépendantes; nous dirions : *Pierre est heureux, Paul est heureux.* Je ne conçois pas que nous pussions nous exprimer autrement. Ainsi, la liaison serait rompue, et le discours serait décousu et prolixe. La conjonction *que*, qui est le lien le plus habituel du discours, produit des effets analogues à ceux que j'ai signalés. Je ne m'appesantirai pas sur ces mots, car il me semble que nous en avons une quantité suffisante, et qu'on les emploie avec discernement. Néanmoins, la conjonction *que* est souvent explétive.

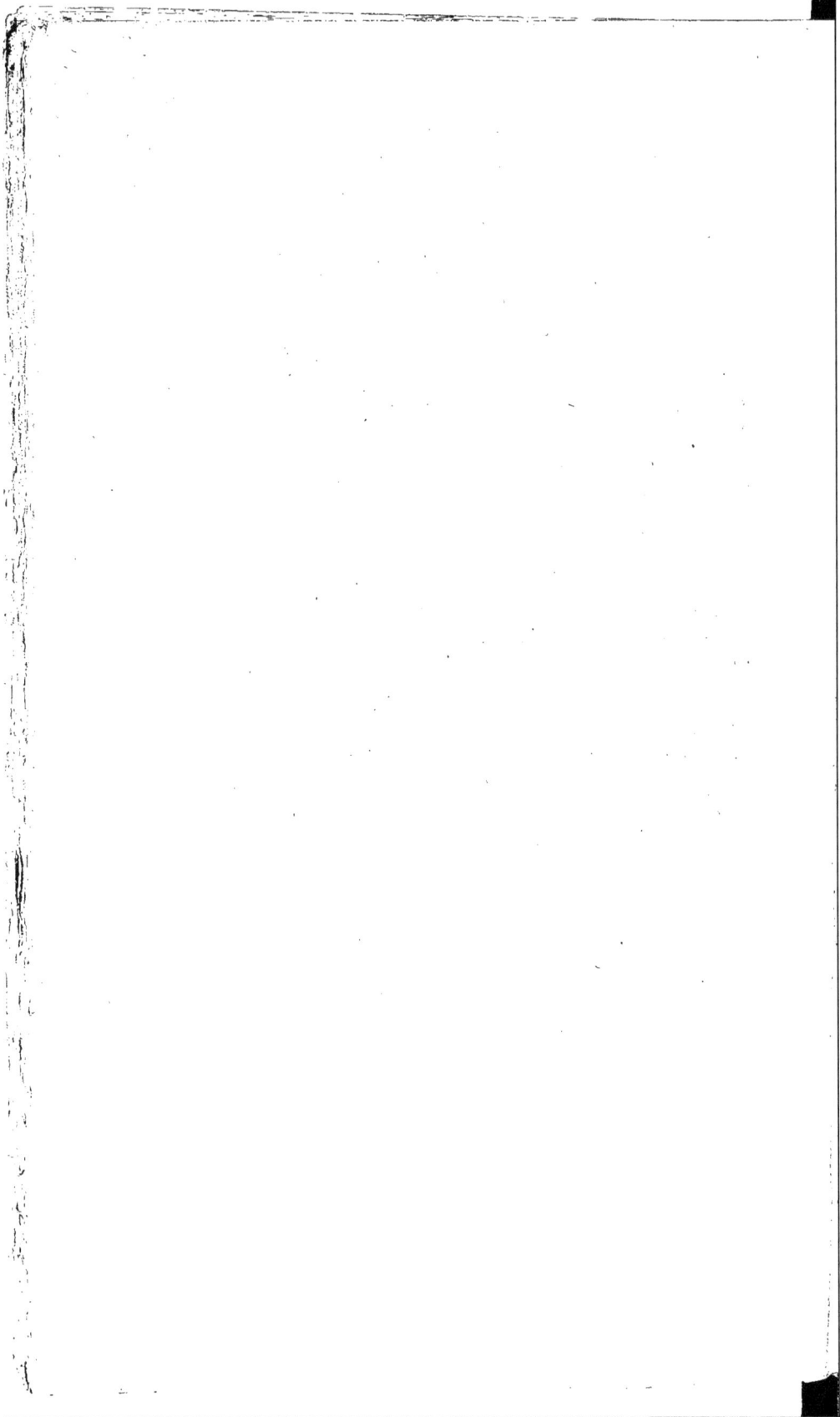

ESQUISSE

D'UNE

LANGUE BIEN FAITE.

———— ❦ ————

Les considérations sur la langue française forment un cours abrégé d'idéologie-pratique, qui servira d'introduction à l'esquisse d'une langue bien faite. C'est dans une langue usuelle et familière que l'on saisit le plus facilement le mécanisme du langage, la nature et la génération des idées relativement aux formes qu'elles revêtent.

Lorsque j'eus acquis les connaissances que je viens d'indiquer, je compris qu'on rendrait un service signalé à la nation française en perfectionnant sa langue autant qu'elle en est susceptible, et je pris la résolution de contribuer de tous mes moyens à réaliser ce projet important, en dévoilant les imperfections du français, pour indiquer les améliorations qu'on y peut introduire. Je formai ce projet sans calculer mes forces et sans égard aux difficultés et aux inconvéniens qu'il présente, persuadé que chacun doit à sa patrie et à l'humanité le faible tribut de ses connaissances, et qu'aucune considération personnelle ne doit

9

empêcher d'émettre, avec franchise , les vues d'un intérêt général.

C'est donc le désir sincère d'être utile à ma patrie et à l'humanité qui avait inspiré ma première résolution. Ce sont encore les mêmes sentimens de philantropie et de patriotisme qui me donnent le courage de braver la défaveur qui accueille ordinairement les innovations importantes. Néanmoins, je me flatte de l'espoir de trouver quelque sympathie chez les philantropes éclairés, dont les cœurs généreux tressaillent de satisfaction lorsqu'ils conçoivent la possibilité d'améliorer la nature humaine, de la rendre meilleure et plus heureuse, surtout quand il s'agit de théories inoffensives qui ne peuvent être ni la cause, ni l'occasion d'aucun événement funeste. Quoi qu'il en soit, semons toujours les idées utiles et généreuses. Si elles ne prospèrent point immédiatement, elles germeront et fructifieront dans un avenir plus ou moins éloigné.

Depuis long-temps, quelques philantropes éclairés avaient senti le besoin et la possibilité de doter la nature humaine d'une langue philosophique. Cette pensée généreuse, éminemment sociale, doit naître naturellement dans l'esprit de tout homme qui médite sur les principes du langage, et qui compare la parole défectueuse à l'intelligence dont elle est la messagère, mais, hélas ! messagère tardive et impuissante qui ne remplit qu'imparfaitement sa noble mission.

C'est aussi en méditant sur le langage, que j'en ai senti le vide et l'insuffisance, et que j'ai conçu le plan d'une langue artificielle plus appropriée à nos besoins et à nos facultés. Je ne connais ni les principes, ni les systèmes de mes devanciers. Je sais seulement que tous ceux qui ont médité sur la nature de la parole, de l'homme et de l'univers, ont senti le besoin d'un dictionnaire ontologique, où les êtres seraient classés selon leur nature. Un vocabulaire méthodique dressé d'après ce système serait propre à coordonner et à étendre nos connaissances, à mettre de l'ordre et de la liaison dans nos idées.

Le plan que j'ai conçu est plus vaste; il embrasse l'ensemble de nos besoins et de nos facultés. Une langue formée d'après mon système serait ontologique, euphonique et laconique. Mes réflexions m'ont persuadé qu'une langue serait d'autant plus parfaite, qu'elle réunirait ces trois qualités principales à un degré plus éminent.

Elle sera ontologique, car l'affinité des formes y sera le cachet matériel de l'affinité des idées, et les êtres de nature et de raison y seront groupés par famille. Si une telle langue devient usuelle, on y puisera des notions aussi exactes que le comportent nos connaissances de la nature des êtres sensibles et moraux.

Elle sera euphonique, puisque tous les sons et toutes les articulations que la voix peut produire seront à la disposition des compositeurs, qui emploieront de préférence et fréquemment les voix douces et sonores, les inflexions agréables, les modulations harmonieuses. Pour produire cet effet, il faudra que l'onomatopée, cet agent créateur du langage primitif, en soit presque entièrement exclus. Les mots imitatifs, si communs dans les langues naturelles, jettent une teinte d'âpreté et de rudesse sur le discours. J'arrive à mon idée dominante, à ma pensée intime.

L'homme est indivisiblement composé de deux natures : nature intelligente, ou spirituelle, et nature organique, ou sensible. Quoique l'homme organique ait été créé pour être l'instrument de l'intelligence, les actes de celle-ci sont infiniment supérieurs, en subtilité et en promptitude, aux actions organiques qui y correspondent.

En effet, en observant les facultés et les propriétés physiques et intellectuelles de l'espèce humaine, on reconnaît facilement que la pensée jouit d'une activité prodigieuse comparée à l'acte de la parole qui la manifeste, en la revêtant d'un peu d'air sonore. On reconnaît également que l'organe de la voix, habituellement exercé, a acquis la flexibilité et l'extension dont il est susceptible, et qu'on ne peut améliorer sensiblement le moyen qui sert à matérialiser la pensée, en articulant la parole, qui en est l'effet.

Ainsi, nous ne pouvons agir efficacement pour approprier l'effet matériel à la cause intellectuelle dont il émane, qu'en opérant sur la matière vocale, c'est-à-dire, en réduisant la forme aux proportions rigoureusement indispensables pour représenter les idées, qui sont les parties constitutives de la pensée, et en créant tous les mots nécessaires pour exprimer directement toutes les idées, toutes les nuances et toutes les modifications des idées.

Mais il ne suffira pas de créer des formes rapides et nombreuses, il faudra aussi que la langue soit la copie de l'intelligence; autrement, elle manquerait d'une condition essentielle, celle qui constitue l'ordre philosophique. A cet effet, les mots auront les mêmes affinités que les idées dont

ils seront les images. Cette filiation méthodique
est la conséquence immédiate de notre organisation ; car, comme tout se lie dans la nature, tout
se lie, se coordonne dans l'intelligence : les idées
procèdent les unes des autres suivant les lois
constantes de l'affinité. Nos idées abstraites elles-
mêmes sont classées dans le vaste dépôt de la mémoire selon leurs affinités réciproques.

Je viens de tracer rapidement les trois conditions
fondamentales d'une langue bien faite ; elles peuvent se résumer en trois mots : rapidité, abondance
et affinité.

Je vais présentement indiquer les moyens qui
me semblent les plus propres pour effectuer mon
projet. Je dois d'abord prévenir que je ne me suis
pas imposé la tâche laborieuse de composer une
langue bien faite ; je me bornerai à en tracer une
esquisse rapide. Ayant déjà appliqué mes principes
à la langue française, je me dispenserai d'entrer
en de longs développemens, qui seraient superflus.
(*Voir l'introduction.*)

D'après le plan que je viens de tracer, la première opération aura pour objet d'effectuer une
réduction sensible dans la forme. A cet effet, on
procédera d'abord à la rédaction d'une table synoptique de tous les sons simples que la voix
peut produire d'une manière distincte et agréable.
Chaque voix élémentaire devra, autant que possible, être représentée par deux caractères, une
consonne et une voyelle. Cette combinaison pro-
duira une très-grande quantité de monosyllabes.
Les voix seront placées en cette table méthodique
dans une progression décroissante. Celles qui sont
d'une émission facile et harmonieuse y tiendront

le premier rang. On y formera plusieurs catégories, en observant l'ordre et les conditions que j'indique.

Cette table vocale sera dressée par ordre alphabétique, et chaque série formera une fraction qui exigera une opération particulière. Ainsi, il y aura autant d'opérations distinctes, que de caractères alphabétiques.

Lorsque cette opération sera terminée, on dressera une seconde table synoptique, qui contiendra tous les êtres les plus apparens de la nature ; les noms y seront provisoirement écrits en langue vulgaire. Cette table, comme la précédente, sera méthodique ; les êtres y seront classés selon leur importance ; les plus remarquables et les plus utiles y tiendront le premier rang, et ainsi de suite, dans une progression qui sera déterminée par l'importance relative de chaque être. Tous les noms propres et communs, génériques et spécifiques, et tous les noms collectifs représentant des êtres principaux ou des collections d'êtres devront être monosyllabiques et, par conséquent, placés dans la table dont je m'occupe. On y placera également les noms des membres et des organes du corps humain. Les noms substantifs des classes que j'ai sommairement indiquées exerceront une grande influence sur la contexture de la langue, en général, parce qu'ils seront les générateurs d'un grand nombre de dérivés, et qu'ils serviront d'élémens à plusieurs composés. Une autre considération que je ne dois pas omettre, c'est que ces mots seront d'un fréquent usage, et que, plus ils seront simples et d'une émission facile, plus aussi la langue sera rapide et harmonieuse.

Les êtres seront placés en cette table par ordre de nature ; c'est le seul moyen d'établir une parfaite concordance entre l'affinité des voix et celle des idées.

Cette table ne serait pas complète et ne remplirait pas son objet spécial si elle ne comprenait que les noms substantifs des êtres et des collections d'êtres les plus remarquables ; elle devra aussi contenir les verbes originaux, les pronoms, les prépositions, les conjonctions et les adverbes originaux ; tous ces mots devront être monosyllabiques, par la raison que je viens de déduire, c'est-à-dire, parce qu'ils se reproduiront fréquemment dans le discours.

Ces deux tables devront être égales en quantité. Si le premier moyen est insuffisant pour produire tous les sons simples qui seront jugés indispensables, on ajoutera un troisième caractère aux deux premiers, de manière à opérer une modification légère, mais appréciable, sans compliquer les voix, qui devront être maintenues dans la plus grande simplicité possible.

Il est évident que la première table figurera les voix, abstraction faite de leurs destinations ultérieures, et que la seconde figurera les idées élémentaires de toutes natures, représentées provisoirement par les mots d'une langue usuelle.

Quand ces deux tables élémentaires seront terminées, on les réunira en une seule, en affectant à chaque idée la voix correspondante de la table vocale, de manière que la première voix soit appliquée à la première idée ; la seconde voix, à la deuxième idée, et ainsi de suite, jusqu'à ce que les deux tables soient entièrement réunies. On indiquera la signification de chaque voix par les mots d'une langue vulgaire ; ce moyen ne peut être suppléé, c'est toujours par le connu que l'on désigne l'inconnu.

Néanmoins, la fusion des deux tables élémentaires ne pourra s'opérer qu'après un travail préparatoire ; il faudra les coordonner de manière que les divisions vocales correspondent, autant que possible, aux divisions des êtres, afin que l'affinité des voix soit en rapport avec l'affinité des idées dont elles seront les images : les lettres initiales seront les marques caractéristiques des grandes divisions.

La formation de la table des êtres par ordre de nature sera le travail le plus important et le plus difficile. On ne devra point s'astreindre à y établir un ordre exactement rigoureux ; une perfection relative est tout ce qu'on peut espérer raisonnablement dans ce travail immense, qui embrassera tout l'homme et tout l'univers accessible à nos sens. On y placera les êtres d'après les classifications scientifiques et vulgaires, en suivant les notions du sens commun et les connaissances acquises.

Ainsi, une langue bien faite sera infiniment supérieure à toutes celles qui existent et qui ont existé ; mais elle ne sera point une œuvre parfaite et immuable. Au contraire, elle sera progressive comme toutes les institutions humaines.

Lorsque l'opération fondamentale sera terminée, on procédera à la formation des substantifs secondaires, proprement dits, des adjectifs et des verbes spéciaux, des adjectifs de nature, de prévision et de puissance, des adverbes de manières, et de toutes les formes accessoires qui modifient les idées principales et qui forment les séries particulières. Il y a encore une distinction que je ne dois pas omettre.

Le dictionnaire ontologique sera formé de séries générales et de séries spéciales ; chacune de celles-là comprendra tous les êtres de la même nature ; chacune de celles-ci ne comprendra que les modifications de la même idée. Voici quelques-uns des principes généraux qui présideront à la formation de ce dictionnaire.

Chaque primitif, ou radical, servira d'image exemplaire aux idées qui en naissent. Toutes les séries spéciales seront formées par des inflexions uniformes ; car chaque inflexion représentera toujours la même modification. Pour la rédaction des séries générales, on suivra une marche différente : les modifications seront arbitraires, ce qui permettra de les étendre en raison des besoins.

On dérivera d'abord des substantifs primitifs les substantifs secondaires qui participent de la même nature. Chaque ramification vocale s'étendra en raison des idées subordonnées qui aboutissent à une tige commune. Par exemple, de la voix simple qui représentera l'élément liquide que nous nommons l'*eau*, on dérivera celles qui représenteront *mer, lac, étang, fleuve, rivière, ruisseau, fontaine, puits, pluie, brouillard, brume, etc.* Tous ces mots désignent des formes diverses, naturelles ou artificielles de l'élément liquide, des fractions d'un tout ; mais le fond élémentaire de l'idée est toujours le même ; ainsi, la forme élémentaire doit être conservée intacte, afin de représenter la nature générale des mots qui en procèdent ; les formes accessoires doivent seules varier en raison des idées secondaires qui naissent de l'idée principale. Ainsi, chaque forme accessoire représentera une idée subordonnée. Du primitif *feu*, on dérivera *flamme, tison, braise, brasier, incendie, embrasement, etc.*, par le moyen d'inflexions sonores ajoutées au primitif.

Comme la partie procédera du tout, l'effet procédera de sa cause la plus immédiate. La lumière émane de cet astre radieux qui nous éclaire et qui vivifie la nature. Ainsi, on dérivera du nom qu'on imposera au soleil les mots *jour, lumière* et *clarté*. On pourrait aussi en dériver *aurore* et *crépuscule*, car ces mots représentent des effets qui sont produits par les rayons lumineux que cet astre projette sur notre horizon, après qu'il en est disparu, ou avant d'y reparaître.

Lorsqu'on aura dérivé les substantifs secondaires des substantifs primitifs, on procédera à la formation des substantifs de contenu, tant intérieurs que superficiels. A cet effet, on ajoutera une désinence simple et uniforme à chaque substantif de contenance. Ainsi, l'idée de contenu sera représentée par une inflexion vocale. (*V. le ch. XI.*)

Nous touchons à une difficulté sérieuse; nous tâcherons de la résoudre en consultant la nature, et en observant la génération des actes de l'intelligence, qui sont les principes immuables du langage. Voici la question qui donne lieu à cette difficulté. Les verbes dérivés proviennent-ils des adjectifs, ou sont-ce les adjectifs qui proviennent des verbes? Cette question a été tacitement résolue par un célèbre grammairien qui a dit que « les adjectifs sont des verbes mutilés. » Il me semble que ce savant philologue a commis une grave erreur en

avançant cette proposition hasardeuse. En effet,
il faudrait, pour qu'elle fût exacte, que les adjectifs dérivassent des verbes, et je suis intimement
persuadé que ce sont les verbes qui dérivent des
adjectifs. Quelques réflexions sur la nature des
êtres nous mettront sur la voie de la vérité.

Nous ne connaissons la nature intime d'aucun
être. Tout serait pour nous un chaos inextricable,
si chaque substance ne nous apparaissait revêtue
de quelque modalité particulière, qui en fit un
être à part; car les puissances de l'entendement
n'auraient point d'action sur des corps qui seraient
parfaitement semblables et disposés de la même
manière : ces corps seraient pour nous comme s'ils
n'existaient pas, puisque nous ne pourrions ni
comparer leurs rapports, car il y aurait identité
parfaite, ni analyser leurs qualités, faute d'objets
de comparaison.

Ainsi, chaque être se manifeste à nous par les
qualités apparentes ou appréciables qu'il possède,
et nous ne le distinguons des autres êtres que par
ses qualités particulières, inhérentes à sa nature.
Le *feu* nous présente toujours les qualités sensibles
brûlant, *chaud* et *clair* qui le distinguent, parce
qu'il les possède au degré suprême. La neige est
blanche et légère, l'or est jaune et lourd, le sang
est rouge et liquide, le charbon est noir et solide,
le soleil est lumineux et rond, etc. Ce sont là les
qualités que nous connaissons et non pas les substances. Ces qualités jointes aux circonstances de situation, de rapport et de forme fournissent les élémens de l'idée image de l'être.

Voilà la cause et l'origine des adjectifs. Puisque
chaque être n'est, pour nous, que l'ensemble de

ses qualités, nous commençons par considérer chaque qualité comme fesant partie intégrante de l'être qui la possède plus spécialement. Plus tard, nous remarquons que les qualités sont transmissibles. C'est alors qu'on forme le mot qui exprime l'action par laquelle on donne la qualité, en ajoutant une désinence verbale à l'adjectif, qui conserve sa forme primitive, soit qu'on le considère comme effet, soit qu'on l'envisage comme qualité inhérente. Ainsi, les adjectifs ne proviennent point des verbes; ce sont les verbes qui proviennent des adjectifs (1).

J'ai cru devoir appuyer mon opinion concernant l'antériorité des adjectifs, sur les considérations fondamentales qui précèdent. Il importe que, dans une langue philosophique (2), les formes ac-

(1) Peut-être remarquera-t-on une contradiction apparente entre l'opinion que j'émets ici et celle que j'ai tacitement émise en considérant les verbes comme causes des adjectifs qualificatifs. Il n'y a cependant en cela aucune contradiction ; car chaque qualité peut être envisagée sous deux points de vue bien distincts, comme adhérente et comme acquise. Quant aux premières, elles n'ont d'autre cause que les lois générales de la nature ; mais les qualités acquises sont produites par des actions, et c'est sous ce dernier rapport que je les considère comme effets.

Chaque qualité acquise peut aussi être envisagée de deux manières, avec ou sans relation à l'action qui l'a produite. Lorsque nous disons : cet objet est *blanc*, nous qualifions l'objet sans égard à l'origine, ni à la cause de la qualité; mais lorsque nous disons : cet objet est *blanchi*, nous le qualifions avec rapport à l'action qui a produit la qualité qu'il possède *actuellement*. Aussi, le mot blanchi participe des deux natures : de celle du verbe et de celle de l'adjectif.

(2) J'emploierai indifféremment les expressions philosophique et bien faite, pour qualifier cette langue; car elles y sont également applicables : une langue bien faite, comme je la conçois, sera éminemment philosophique.

cessoires soient en rapport exact avec la génération des idées.

J'ai déjà indiqué les moyens qu'on emploiera
pour former les adjectifs sensibles. J'ai dit que
chaque être principal possède des qualités particulières. Or, dans le nombre de ces qualités, il y
en a au moins une caractéristique très-apparente;
on dérivera, par une simple inflexion vocale, le
nom adjectif du nom de la substance principale,
qui possède la qualité au degré le plus éminent.
En suivant ce procédé, aussi simple que facile,
chaque qualité aura son type dans la nature, et
on pourra toujours ramener ces abstractions à leurs
significations primitives.

C'est ainsi qu'en consultant la nature, on dérivera du primitif qui signifiera *feu;* les adjectifs
brûlant, chaud, consumant; de *glace,* on dérivera
froid; de *neige, blanc;* de *pierre, dur;* de *eau, liquide, limpide* et *humide;* de *plomb, livide;* de *verre,
transparent* et *fragile;* de *soleil, lumineux* et *clair;*
de *étoile, brillant* et *scintillant,* etc. Il n'y a point
une seule qualité physique dont on ne puisse
trouver le type dans la nature, puisqu'elles représentent toutes des qualités naturelles. Chaque règne
a des qualités et des propriétés particulières : dans
le règne animal, il y a des êtres qui sont comparativement *forts, faibles, agiles, gais, tristes, actifs, paresseux, cruels, sauvages, grands, petits,
fluets, débiles,* etc. Dans le règne végétal, il y en
a qui sont aussi relativement *longs, courts, menus,
flexibles, fragiles, minces, gros, ronds; savoureux,
doux, aigres, fades, insipides,* etc. On dérivera tous
les mots qui représenteront ces idées qualificatives
des noms des êtres qui possèdent les qualités qu'ils
expriment, en y ajoutant de légères inflexions.

Lorsqu'on aura formé les adjectifs spéciaux, on procédera à la formation des adjectifs de nature. On affectera une inflexion spéciale pour représenter cette modification du mot exemplaire, laquelle s'opérera par voie de désinence. (*Voir le chapitre* 9.)

Ensuite, on s'occupera de la formation des verbes sensibles dérivés. Cette opération sera des plus simples : on formera l'infinitif de chaque verbe en ajoutant une inflexion verbale à chaque adjectif. Il me semble, néanmoins, qu'il conviendra d'adopter deux inflexions verbales ; l'une sera appliquée à tous les verbes actifs, l'autre à tous les verbes neutres.

Tous les verbes actifs seront conjugués de la même manière : les verbes essentiellement neutres auront une conjugaison différente, mais uniforme pour tous. Les verbes qui expriment des actions transitives et intransitives, c'est-à-dire, qui sont actifs et neutres selon qu'on les emploie activement ou neutralement, seront passibles des deux conjugaisons, afin que la forme indique toujours la nature de l'idée qu'elle représente.

Chaque adjectif de qualité aura un verbe corrélatif pour exprimer directement l'action qui imprime la qualité aux êtres qui ne la possèdent pas naturellement. Il n'y aura aucune lacune à cet égard ; car toute qualité acquise peut être considérée dans l'action qui l'a produite.

Toutes les conjugaisons seront régulières. On n'y verra point ces bizarres anomalies qui déparent les autres langues. Il y aura des verbes défectifs, parce qu'ils ne seront point tous susceptibles d'être usités à tous les modes, à tous les temps et à toutes les personnes.

Il y aura plus de verbes sensibles qu'il n'y a de qualités naturelles, car plusieurs substances sont la cause, le moyen ou le but de plusieurs actions. Les verbes qui exprimeront ces actions seront dérivés immédiatement des substantifs. Nous avons plusieurs verbes qui ont une semblable origine : *pleuvoir*, dérive de *pluie*; *venter*, de *vent*; *grêler*, de *grêle*, etc. Tous ces mots sont des verbes impersonnels; car les actions qu'ils représentent sont produites par la nature, sans la participation de l'homme. Mais il existe une classe nombreuse de verbes qui expriment des actions que l'homme effectue et qui doivent aussi procéder des substantifs; tels sont les verbes français *enterrer*, action produite par l'homme, ayant pour moyen la terre; *atterir*, action dirigée par l'homme, ayant pour but la terre, etc.

Nous avons vu que toutes nos idées sensibles auront leurs types dans la nature. Élevons présentement nos regards jusqu'au chef-d'œuvre de la création : l'étude de l'homme est destinée à former le couronnement du vaste édifice dont nous avons posé les larges fondemens.

C'est par le moyen de nos organes que nous sommes en relation avec l'univers; c'est par le moyen de nos membres que nous agissons; instrumens passifs de la volonté, ils se meuvent au gré de nos désirs. Chaque membre, chaque organe remplit des fonctions spéciales en raison de sa destination particulière. Je ne m'arrêterai pas à distinguer les membres et les organes doubles; car, malgré cette dualité, ils concourent à la même fin. Les yeux servent à *voir* et à *regarder*; et ne confondons pas la nature de ces deux actes;

celui-là est presque indépendant de notre volonté,
celui-ci y est subordonné ; le premier est un acte
physique ; le dernier, un acte intellectuel. Les
oreilles sont les organes extérieurs du sens de
l'ouïe, par lequel nous percevons les sons. Deux
actes bien distincts sont produits par cet organe ;
le premier, *entendre*, est un acte physique ; le
dernier, *écouter*, est un acte intellectuel. Le nez
sert à percevoir les odeurs physiquement et volontairement. Nous n'avons aucun verbe spécial pour
distinguer le premier de ces actes. La langue est le
principal organe du sens du goût, on en dérivera
les verbes *goûter* et *savourer*. La langue, qui remplit plusieurs fonctions importantes dans l'éco-
nomie du règne animal, est aussi le principal
instrument de la parole ; on en dérivera, en conséquence, les verbes parler et chanter. Les doigts
sont les principaux instrumens du sens du tact,
on en dérivera les verbes *toucher*, *palper*, etc. La
bouche sert particulièrement à manger, les dents
à mordre, les pieds à marcher, les jambes à courir.
Tous ces actes, toutes ces actions et beaucoup
d'autres, seront dérivés des noms des membres et
des organes qui les produisent, de manière que
chaque effet procède de sa cause ou de son moyen.

Jusques ici, notre tâche a été facile, puisqu'elle
était tracée par la nature, comme on a pu s'en
convaincre. Mais il est temps que nous quittions
le monde extérieur ou sensible, pour entrer dans
le monde intérieur ou intellectuel. Peut-être com-
mettrons-nous quelques erreurs involontaires dans
les pages qui nous restent à tracer ; dans ce cas,
nous comptons sur l'indulgence du lecteur.

Comment formera-t-on les mots abstraits, qui

tiennent toujours une place considérable dans le
vocabulaire d'un peuple intelligent? J'ai déjà fait
pressentir le moyen que l'on emploiera; il faudra
étudier l'homme physique et intellectuel pour assigner un type sensible à une partie de ces êtres
de raison, qui n'ont de réalité que dans notre entendement. C'est un monde intérieur qu'il s'agit
de créer; ainsi, consultons nos facultés et nos
propriétés intérieures; tâchons, au moins, d'en
discerner le siége et la nature.

Le cerveau est le siége des facultés intellectuelles; les physiologistes et le vulgaire sont d'accord
sur ce point. C'est là que résident la mémoire,
l'imagination, la volonté, tous les attributs de
l'ame. On peut donc admettre que le cerveau est
la forme matérielle de cette émanation divine :
dès lors, on peut donner une origine sensible au
mot qui la représentera, en la fesant procéder de
la substance qui la contient.

Lorsqu'on aura imposé un nom à cet être
immatériel, principe, centre et limite de la vie
intellectuelle, on en dérivera toutes les opérations
de l'entendement, toutes les propriétés et les facultés de l'ame.

La compréhension est la source unique de toutes
nos connaissances. Son flambeau, souvent incertain, dirige notre conduite, nos démarches et nos
actions. Privés de compréhension, nous n'aurions
point de raison et nous n'aurions qu'une volonté
instinctive. Cette précieuse faculté réunit en un
centre commun le monde sensible et le monde
intellectuel. Deux branches principales émaneront
de cette souche; l'une représentera la volonté,

principe des facultés actives ; l'autre, la raison,
principe des facultés spéculatives. De nombreuses
ramifications proviendront de ces branches.

Après le cerveau, le cœur est l'organe le plus
puissant que l'homme possède ; celui-là est le
siége de la vie intellectuelle ; celui-ci est le siége
de la vie animale. Je ne sais si ce viscère est
doué de toutes les propriétés qu'on lui attribue;
mais il me semble qu'il est le siége, sinon unique, au moins principal de l'amour, de l'amitié,
de l'envie, de la jalousie, de la haine, de toutes
nos passions et de toutes nos affections. Dès lors,
on peut en dériver les noms abstraits de tous
les sentimens affectueux et haineux que l'homme
éprouve. On pourra assigner la même origine au
froid égoïsme et à tous les vices bas et cupides
qui en découlent. La reconnaissance, la bienfesance, l'attachement, sont les qualités précieuses
d'un cœur aimant et expansif; l'amour excessif de
soi-même, l'indifférence pour les maux d'autrui,
proviennent d'une cause tout opposée. Aussi le
mot égoïsme exprime-t-il la négation des qualités
affectueuses et bienfesantes.

Quoique le plaisir et la joie, les peines et les cha-
grins soient souvent des effets de la mémoire ou de
l'imagination, ils viennent tous tressaillir au siége
de la vie animale; le cerveau agit sur le cœur; celui-ci réagit sur le cerveau : les mouvemens sym-
pathiques de ces organes projettent, dans l'ensemble de l'organisation, les sensations particulières
et les rendent générales.

Le cœur est aussi l'emblême, s'il n'est le véhicule
du courage, de la bravoure, de l'intrépidité, de la

générosité, de la magnanimité, etc. On pourrait, en conséquence, dériver de cet organe les noms de ces sentimens grands et généreux.

Nous avons considéré l'homme comme être physique et intellectuel ; il nous reste à l'envisager comme être moral. Alors nous aurons terminé notre courte investigation ; car nous aurons indiqué la triple nature de cet être incompréhensible.

Les idées morales sont-elles innées ou acquises? Je n'essaierai point de résoudre cette question qui n'est pas de ma compétence ; mais ce que je puis affirmer avec une conviction profonde, c'est que, si la nature humaine n'avait point acquis ou possédé les idées de cette espèce, l'état social eût été impossible : l'homme eût vécu isolé et sauvage, livré à son instinct, abandonné à sa faiblesse, en proie aux besoins et aux souffrances, privé de secours et de consolations.

Toute morale est nécessairement basée sur la croyance dans un être infini, éternel, tout-puissant, rémunérateur des vertus et vengeur des vices. Je donne à ces mots, *vertu* et *vice*, toute l'extension dont ils sont susceptibles ; celui-là comprend le *juste* et le *bien* ; celui-ci l'*injuste* et le *mal*. Il est important de déterminer les acceptions générales de ces mots exemplaires, qui serviront de générateurs aux deux classes d'idées abstraites qui s'y rapportent. On procédera avec d'autant plus de soin à la classification des idées subordonnées qui procéderont de ces mots, qu'elles exercent une influence plus immédiate sur le sort de la nature humaine.

On peut m'objecter que les vices et les vertus ne sont que relatifs ; qu'ils n'ont point de caractère immuable comme les idées sensibles, puisque telle action qui est considérée par les uns comme un acte vertueux et méritoire, est envisagée par les autres comme un acte vicieux et répréhensible; puisque telle qualité, la piété, par exemple, qui inspire aux uns de la vénération et de la confiance, n'inspire aux autres que de la méfiance et du mépris. Dès lors, comment établir des catégories permanentes de qualités et d'actions appréciées si diversement? Je conviendrai sans peine que cette objection n'est que trop bien fondée. La cause d'un effet si funeste est facile à indiquer. Nous n'apercevons la VÉRITÉ qu'à travers le prisme trompeur de l'intérêt personnel, des préjugés et des préventions qui la ternissent et la dénaturent. De là ce déplorable abus de la PAROLE, de cette faculté merveilleuse, j'ai presque dit divine, qui n'a été départie à l'homme que pour manifester la VÉRITÉ, et qu'il profane si fréquemment par le mensonge.

Loin d'éluder les difficultés, j'aime à les exposer dans toute leur force. Je conviens donc qu'on interprète diversement les idées morales. Cet aveu ne doit point arrêter le zèle des philantropes en leur fesant envisager comme impossible l'accomplissement d'un projet qui n'est que difficile.

D'ailleurs, plusieurs idées morales des plus importantes sont encore pleines de vigueur et de sève, et peuvent servir de jalons pour le tracé des deux grandes catégories qu'il s'agit d'établir : jamais la pitié compatissante, ni la charité secourable ne seront des vices; jamais la médisance, la calomnie, l'ingratitude, l'infidélité, le parjure, la trahison ne seront des vertus; jamais la piété sincère, la tempérance, la modération ne seront

des vices; comme aussi, jamais la débauche, la
violence, l'impudeur ne seront des vertus. Ces
vices et ces vertus et beaucoup d'autres sont de
tous les lieux, et de toutes les époques, hormis les
temps d'effervescence où la nature humaine en dé-
lire confond les notions du juste et de l'injuste, du
bien et du mal moral; à ces époques de vertige et
de douloureuse mémoire, on a vu décerner des
récompenses aux crimes et infliger des châtimens
aux vertus.

Les idées morales sont le ciment de la société;
ce sont elles qui la maintiennent et qui la perpétuent. Si, par impossible, ces idées conservatrices
se pervertissaient entièrement, la société se résoudrait en poussière; car les hommes ne seraient plus
que des brigands acharnés à se détruire.

Je me suis appesanti sur les idées morales, dans
le but d'en faire sentir l'indispensable nécessité.
Quoique cette vérité soit très-évidente, il y a beaucoup de personnes qui n'y ont jamais réfléchi.

Les législateurs d'une langue philosophique devront être doués d'une grande rectitude de jugement pour classer les mots abstraits dans un ordre
progressif, en raison des idées qu'ils représenteront.
Tous les mots qui seront affectés à la représentation des idées de vertus, auront le signe initial
caractéristique du bien; tous ceux qui représenteront les idées de vices, auront le signe initial caractéristique du mal. Toutes les ramifications d'i-
dées purement morales seront empreintes de ces
caractères indélébiles, marques d'approbation et
de réprobation.

Si une langue bien faite n'est pas un remède
universel aux aberrations que j'ai signalées, elle

contribuera, au moins, puissamment à rectifier nos idées, à fortifier notre raison, à éclairer notre jugement.

Les idées abstraites suivent le même ordre de génération que les idées sensibles. En conséquence, les mêmes règles sont applicables aux séries de mots des deux espèces. Cette règle générale a très-peu d'exceptions. Chaque substantif principal ou secondaire sera le générateur d'un adjectif spécial; un verbe spécial procédera immédiatement de ce dernier; on dérivera de celui-ci un adjectif de prévision et un adjectif de puissance, toutes les fois que l'idée abstraite pourra revêtir ces formes. (V. les ch. VII et VIII.) Chaque adjectif spécial aura un adverbe de manière corrélatif.

On affectera à chaque espèce de mots une inflexion particulière, qui sera le signe permanent et uniforme de la modification qu'elle représentera.

Ainsi, chaque série particulière sera formée 1° d'un substantif générateur; 2° d'un adjectif spécial; 3° d'un verbe spécial; 4° d'un adjectif de prévision; 5° d'un adjectif de puissance; 6° d'un adverbe de manière.

Citons une série complète pour exemple.

Du substantif abstrait, *envie*, on dérivera :

L'adjectif spécial, *envieux* ;

Le verbe spécial , *envier*;

L'adjectif de prévision, *enviable, qu'on peut envier*;

L'adjectif de puissance *enviatif, ive, qui cause de l'envie.*

Et l'adverbe de manière *envieusement, d'une manière envieuse.*

Presque toutes les idées abstraites peuvent être envisagées sous ces six aspects, et il y en a plusieurs qui peuvent prendre d'autres formes secondaires.

Je l'ai déjà fait observer, une langue doit être calquée sur l'intelligence qui en est le modèle et le régulateur, autant, toutefois, qu'il est possible d'imiter l'esprit par la forme. Ainsi, toutes les idées que l'esprit conçoit, toutes les nuances, toutes les modifications des idées doivent être matérialisées par des formes distinctes, destinées à les transmettre et à les reproduire. (V. le ch. V, de la filiation, et le ch. XIV, résumé de la théorie des formes accessoires.)

Je ferai observer présentement que toutes les langues sont incomplètes, non-seulement sous le rapport des idées modificatives, mais encore sous celui des idées principales et subordonnées. On ne peut combler ces lacunes qu'en soumettant à une sage investigation la nature et l'intelligence; on connaîtra, par ce moyen, quelles sont les vues de l'esprit qui n'ont pas d'expression orale, et on imposera des formes à toutes les idées qui ont acquis une existence individuelle, je ne dis pas une existence isolée, cette condition n'étant pas requise. La comparaison des langues est une ressource précieuse qu'on ne devra point négliger.

On a dû se convaincre de l'importance et de la fécondité des particules désinentielles, qui impriment aux primitifs un grand nombre de modifications. Je vais présentement indiquer un autre élément modificatif, d'une indispensable nécessité. Je désigne les particules initiales ou prépositives.

On créera des particules prépositives analogues à celles qui existent dans les autres langues. Je ne pense pas qu'il soit nécessaire d'en former de nouvelles. Il y en a de plusieurs espèces : *négatives*, *ré-*

duplicatives, attractives, extractives, adversatives, etc.
On a vu, au chapitre II, l'usage et les propriétés
d'une partie des particules françaises. On attri-
buera à chaque particule une propriété spéciale,
et on l'emploiera toujours en raison de cette propriété conventionnelle. Les particules prépositives
modifient les idées principales et subordonnées
comme les particules désinentielles, avec cette
différence que celles-là précèdent l'expression de
l'idée qu'elles modifient, et que celles-ci la suivent. Ces particules ont plusieurs traits de dissemblance qu'il serait superflu de signaler. J'arrive
aux mots composés proprement dits.

Ces mots seront formés méthodiquement; on
n'y comprendra aucune voix explétive. Tous les
élémens de chaque composition devront concourir
aux mêmes fins, c'est-à-dire, à résumer la pensée
en ses parties principales, à caractériser et à qualifier les êtres et les objets. Ces mots seront particulièrement applicables aux noms de lieux et de
circonscriptions territoriales, aux objets d'arts et
de sciences, à tous les êtres qui possèdent une existence isolée et indépendante. Les mots composés
seront constitués d'une manière permanente, et
seront analytiques et synthétiques. (V. le ch. Ier.)

Les verbes et les adjectifs originaux, j'emploie
cette dénomination par opposition à dérivés; les
verbes et les adjectifs originaux, dis-je, seront
monosyllabiques, ainsi que les prépositions, les
adverbes et les conjonctions. Quelques verbes originaux seront susceptibles d'être employés comme
primitifs de quelques séries. Les verbes généraux,
n'exprimant que des idées vagues, seront nécessairement originaux; car il est indispensable qu'ils

jouissent d'une existence propre et indépendante
pour exprimer des actions indéfinies. La spécialité
restreint, l'originalité généralise. (V. le ch. X.)

Dans la division des genres, on observera les
lois de la nature. On formera, en conséquence,
trois grandes catégories génériques: dans la première, on classera tous les êtres animés du sexe
masculin; dans la seconde, tous ceux du sexe féminin; la troisième comprendra tous les êtres inanimés et abstraits. C'est par une extension abusive
qu'on attribue, dans quelques langues, des genres
aux êtres qui n'ont point de sexe; cette classification arbitraire est anti-philosophique.

Tous les noms féminins des êtres animés seront
dérivés des noms masculins, par le moyen d'une
inflexion légère, mais appréciable. Le procédé
que je recommande doit être analogue à celui
qu'on a employé en dérivant le nom féminin *linote*
du primitif masculin *linot*, par la simple adjonction d'un *e* final. De cette manière, les primitifs
masculins, qui représenteront des idées principales, seront les générateurs des noms féminins
qui représenteront des idées secondaires, comme
les êtres auxquels on les imposera. Cette affinité
et cette dépendance découlent des lois immuables
de la nature.

Les noms-adjectifs féminins de dignités, d'états,
de qualités, de professions, seront dérivés de leurs
corrélatifs masculins, comme les noms de nature
ou les noms proprement dits. Il n'y aura, à cet
égard, ni exception, ni lacune. Toutes les dignités
que les femmes possèdent, tous les états, toutes les
professions qu'elles exercent, toutes les qualités
communes aux deux sexes seront exprimés par des

mots propres. Le français est défectueux sous ce rapport comme sous tant d'autres : plusieurs noms-adjectifs n'y ont point de formes secondaires. Pour suppléer à ces lacunes, on est contraint de faire des solécismes, en qualifiant les noms féminins par des adjectifs masculins. On dit : Cette dame est auteur, poète, négociant, etc.

Je donne à ces mots la dénomination de *noms-adjectifs*, parce qu'ils réunissent ce double caractère : ce sont des substantifs elliptiques, lorsqu'ils sont employés dans une signification générale, et des adjectifs, quand ils servent à qualifier les personnes.

Lorsque tous les mots seront créés, on désignera l'inflexion vocale qui représentera l'idée de pluralité. Cet accessoire à l'idée d'individualité devra être simple, appréciable, et d'une émission facile. Il sera aussi général, car c'est toujours par la même opération de l'esprit que nous réunissons, sous le même aspect, plusieurs individus ou plusieurs collections d'individus. L'idée de pluralité, qui a une si grande influence sur les formes du langage, est purement abstraite.

En suivant le plan que j'ai tracé, on ne créera ni homonymes, ni synonymes; car chaque voix aura une application spéciale, et les doubles emplois seront impossibles.

Les homonymes sont une violation flagrante du principe fondamental le plus essentiel du langage. En effet, dans l'origine des langues, on avait dû convenir tacitement que chaque voix représenterait une idée; sans cette convention, il eût été impossible de former une langue. Ensuite, par la plus grande des inconséquences, on appliqua à la

même voix plusieurs significations différentes. On
en fit la représentation de plusieurs idées, par conséquent, de plusieurs êtres de constitutions et de
natures diverses. Si un peintre avait la fantaisie
de représenter, par la même image, le soleil et un
homme, une carpe et un lièvre, un serin et un serpent, une fleur et l'éternité, une flèche et l'espace,
enfin les objets les plus disparates qu'il y ait dans
la nature, on s'écrierait avec raison : Quelle folie!
quelle absurdité ! Eh bien! les homonymes, considérés philosophiquement, sont plus absurdes encore. Je vais en citer un exemple : *Ver*, insecte
long et rampant. *Vers*, paroles mesurées et caden-
cées. *Vert*, qualité sensible. *Vers*, préposition de
lieu et de temps. *Verre*, corps fragile et transparent; vase servant à boire; liquide contenu dans
ce vase. Ainsi, dans cet exemple, la même voix
représente un insecte, des mots rimés et cadencés,
une couleur, une préposition de lieu et de temps,
un corps artificiel, transparent et fragile, un vase
servant à boire, et le liquide contenu dans ce vase.
Après cela, n'est-on pas aussi en droit de s'écrier :
Quelle absurdité! quelle confusion!

L'exclusion des synonymes est une conséquence
nécessaire du principe que j'ai établi; car, si chaque
voix articulée ne doit représenter qu'une idée unique, chaque idée, non plus, ne doit être représentée
que par une seule voix.

J'ai vu quelque part que la langue arabe est
abondante en synonymes. On peut dire, avec raison, qu'une semblable richesse est une abondance
stérile et embarrassante. En effet, il est plus
facile de graver dans la mémoire un nom unique
d'un être quelconque, que plusieurs noms repré-

sentant le même être. Cette complication surabon-
dante est une cause de confusion et d'erreurs. J'arrive au sens figuré des mots.

Ici, ma tâche est facile à remplir. Je pourrais
me borner à admirer et à me taire. Néanmoins,
je vais émettre quelques considérations sur ce sujet intéressant.

A quelle cause doit-on attribuer l'origine et l'u-
sage du sens métaphorique, si fertile en résultats?
Pour résoudre cette question, il faut indiquer le
besoin principal qu'il tend à satisfaire.

L'homme est un vrai Protée moral, qui revêt et
dépouille toutes les formes de cette nature. Ses
qualités, ses actions sont si nombreuses, si vagues,
si diverses, si indéfinies, si difficiles à apprécier et
à qualifier, que la langue ordinaire est impuissante pour en exprimer tous les traits, toutes les
nuances. De là, la nécessité de former une langue
figurée dans la langue positive, langue accessoire
et supplétive, exprimée par des mots sensibles,
basée sur la nature physique et présentant tous
les caractères de clarté et de certitude de celle-ci.
C'est là, selon moi, la cause de cet usage aussi
utile qu'ingénieux.

Quoi qu'il en soit, le sens figuré est formé par
allusion aux qualités et aux actions sensibles. La
première acception représente ordinairement une
idée de cette espèce ; la dernière est l'application
de la même idée à une qualité ou à une action in-
nommée ou occulte.

A cet égard, ce qui se pratique dans les langues usuelles est un modèle parfait, qu'on peut
suivre en toute confiance. D'ailleurs, le sens métaphorique étant purement intellectuel ; on n'a à

craindre ni erreur, ni confusion. Une figure forcée ou inexacte serait inintelligible et ne pourrait
être consacrée par l'usage. L'objet de comparaison
doit être pris dans la nature simple, dans les impressions communes, pour être accessible à tous
les esprits, et, par cela, d'une application facile.

Les figures de mots proprement dites, ou *tropes*,
ont une signification plus générale et plus arbitraire que le sens métaphorique simple. Ces figures ornent et vivifient le discours, en revêtant
la pensée de formes gracieuses, nobles, vives et
attrayantes, propres à impressionner, à toucher,
à émouvoir. Elles procurent un effet non moins
précieux en donnant le moyen de présenter les
idées les plus rebutantes, les plus obscènes, les
plus propres à effaroucher la pudeur et la délica-
tesse, sous des formes qui en atténuent la laideur,
ou qui la voilent entièrement.

Entre l'usage et l'abus, il y a la même distance qu'entre la raison et la folie. Je vais faire
l'application de cette maxime. L'usage des figures, qui est une source intarissable de richesses,
dégénère en abus, lorsque la raison n'y préside
point. C'est donc la raison qui doit fixer les limites incertaines des domaines limitrophes du
vrai et du *faux*.

La syntaxe d'une langue bien faite sera simple
et facile. Les règles générales seront dignes de
cette dénomination; car elles ne seront point hé-
rissées de nombreuses exceptions, comme les
règles dites générales qui régissent les autres langues. La confusion des élémens, les définitions
inexactes, les acceptions nombreuses et souvent

contradictoires des mots, ont forcé les grammairiens à établir des règles exceptionnelles et em-
barrassantes, mais, en partie, indispensables.

La prosodie sera également simple et facile.
Chaque caractère et chaque combinaison de caractères auront des valeurs euphoniques, propres
et invariables. Cette condition sera de rigueur ;
car la même idée et la même modification devant
toujours être représentées par les mêmes voix, il
sera indispensable que le même signe représente
toujours le même effet sonore. Cette uniformité
d'expression des signes graphiques sera d'autant
plus facile à établir, que, par une circonstance
toute particulière, cette langue sera écrite avant
d'être parlée, et qu'en conséquence de cette position inverse, la parole sera imitée du signe, et non
point le signe imité de la parole.

On conçoit déjà que l'esprit de cette langue ré-
sidera d'abord dans les signes graphiques, comme
celui d'une composition musicale. J'avouerai que
je n'avais pas prévu cette coïncidence, qui m'apparaît comme un trait de lumière. En effet,
maintenant que j'y réfléchis, je vois qu'il y aura
une grande similitude entre une langue bien faite
et la langue musicale. Ces deux principes : *imite*
et *simplicité*, qui ont présidé à la formation de
celle-ci, présideront également à la formation de
celle-là. Dès lors, on peut espérer que la première
deviendra aussi générale que la dernière. Je vais
maintenant examiner quel serait le système graphique qui présenterait le moins d'inconvéniens.

Il faudra créer un nouvel alphabet en harmonie avec la nouvelle langue, ou intercaler, dans

BIEN FAITE.   159

un ancien alphabet, les caractères dont on éprouvera le besoin; ou enfin adopter, dans sa forme actuelle, un alphabet quelconque. On n'aura à opter qu'entre ces trois moyens; il n'y en a pas d'autres.

Sans doute qu'il serait plus rationnel de créer ou de compléter toutes les lettres qui seront jugées nécessaires pour représenter tous les sons et toutes les articulations, que d'adopter un alphabet défectueux. Il ne faut pas confondre les sons et les articulations avec les voix, autrement dites syllabes. Ces dernières sont très-nombreuses, tandis qu'on ne compte dans le français que vingt-deux sons et dix-huit articulations. Ainsi, un alphabet de quarante lettres suffirait pour les représenter. Mais le nombre de celles-ci serait-il un peu plus considérable, on pourrait les tracer distinctement et les graver dans la mémoire. Cependant, je ne proposerai point l'adoption de ce système, qui aurait l'inconvénient d'augmenter les difficultés au lieu de les aplanir, peut-être même de les rendre inextricables. Une langue inconnue, si régulière qu'elle soit, ne peut être rendue intelligible que par le moyen d'un alphabet connu. On devra donc adopter les caractères d'une langue usuelle, par exemple, du français, lesquels, combinés avec art, peuvent représenter une quantité presque indéfinie de voix distinctes et expressives. De plus, par un bon système d'accentuation, on peut multiplier les caractères sans en varier les formes. C'est par ce moyen qu'on quadruple l'e, et qu'on double les quatre autres voyelles en notre langue.

Notre système graphique est si défectueux, qu'il ne peut supporter l'examen le plus superficiel. Cette défectuosité provient, non de l'insuffisance de nos caractères, mais bien de l'abus qu'on en fait. Notre orthographe est si bizarre, nous revêtons les mots français de formes si étranges, qu'ils ressemblent à des caricatures.

L'écriture, n'a d'autre objet que de peindre la parole qui en est l'original; elle donne une forme durable et transmissible à un souffle fugitif. Mais toute peinture doit retracer exactement l'objet qu'elle représente; on ne peut substituer des traits arbitraires aux traits réels, sans commettre une infidélité répréhensible, ou une sottise insigne. C'est cependant ce que nous fesons en écrivant les mots autrement qu'on ne les prononce.

Je pense qu'une réforme radicale de notre système graphique est impossible à effectuer. On se ferait illusion, si on se flattait de l'espoir de détruire tout à coup l'empire de l'usage, qui a de puissans auxiliaires dans les préjugés et dans la routine. Une réforme partielle et progressive est la seule praticable; celle-là opère avec circonspection, elle sape l'édifice de l'erreur sans l'abattre. Au reste, cette réforme existe depuis près d'un siècle; et, quoique les progrès en soient peu sensibles, elle a déjà opéré de notables améliorations. Il ne s'agit donc que d'en accélérer la marche. On doit, d'abord, atténuer les principaux abus de notre orthographe vicieuse, en opérant le dédoublement des consonnes inutiles, en substituant les voyelles propres à celles qu'on emploie abusivement, en remplaçant les lettres étymologiques, telles que le *ph*, qui est un contresens dans notre langue, par celles que la prononciation désigne. Ce sont là les réformes les plus pressantes à effectuer.

Quel que soit le mouvement que l'on imprime à la réforme, il y a des limites qu'on ne devra point franchir. Autrement, on tomberait dans l'excès contraire à l'abus que l'on veut détruire. Ce principe fondamental : *les mots écrits doivent être imités des voix qu'ils représentent*, est exactement vrai, mais il est insuffisant quand on l'applique au français ; il faudrait, dans ce cas, le formuler de cette manière : *les mots doivent être imités des voix qu'ils représentent et des idées accessoires qui s'y rattachent*.

Je désapprouverais formellement la suppression des lettres finales qui sont les signes visibles des idées de pluralité et de genre. Quoique notre langue soit souvent impuissante pour exprimer ces idées accessoires, faute d'inflexions sonores spéciales, elles devront, néanmoins, être gravées par l'écriture. Il faut que le signe visible et permanent supplée à l'insuffisance de l'expression vocale ; autrement, on s'autoriserait d'une imperfection pour en créer une nouvelle. Cette digression m'a éloigné de mon sujet. J'y reviens.

On pourrait croire que j'ai indiqué au hasard quelques moyens impraticables, propres seulement à figurer dans une théorie vaine et impuissante. Il m'importe de prévenir une semblable supposition par quelque preuve péremptoire qui démontre, jusqu'à l'évidence, que ce qui peut paraître impossible est facile à pratiquer.

L'un des moyens les plus étendus et les plus ex-

11

traordinaires dont j'ai proposé l'adoption est,
sans contredit, la filiation des mots, en raison des
idées qu'ils représenteront. C'est là le point culmi-
nant de mon système, le pivot sur lequel roule
tout l'ordre philosophique. Or, le nombre des
idées qui participent de la même nature étant
très considérable, on pourrait penser qu'il serait
impossible de les rattacher toutes à un centre
commun. Cependant, j'ai acquis la certitude que
cette condition fondamentale peut être observée.
Je vais le démontrer par un exemple puisé en
notre langue.

Le primitif français *ver* est le radical d'environ
cent vingt dérivés et de quelques composés. Il
est le générateur fortuit de plus de quarante séries ou mots isolés, représentant des idées principales ou subordonnées, tant sensibles qu'abstraites, ayant presque tous des dérivés directs.
Que l'on juge, d'après cet exemple, de la fertilité possible d'un radical. Les cent-vingt mots qui
procèdent de ce primitif, plutôt accidentellement
que méthodiquement, ont tous des significations
différentes, représentées par des inflexions expressives. Je suis intimement persuadé que, par
un procédé méthodique, on pourrait, au besoin,
doubler ce nombre.

Il me reste encore à indiquer une qualité importante, quoique secondaire, que devra posséder
une langue bien faite. Cette langue devra être
plus euphonique qu'aucune autre. A cet effet, on
en exclura, autant que possible, toutes les combinaisons trop nasales ou trop gutturales, qui produisent des sons désagréables. Toutes les voix
devront être sonores, douces et harmonieuses.

Jamais langue ne fut formée sous des auspices aussi favorables à la mélodie, puisque des compositeurs intelligens pourront disposer, à leur gré, les caractères représentant les sons et les articulations. Ainsi, les qualités que les autres langues ne possèdent qu'imparfaitement, parce qu'elles n'y sont que l'effet du hasard, de l'instinct ou d'une organisation plus sensible, seront, dans une langue philosophique, aussi parfaites que le comporte notre nature, parce qu'elles y seront le fruit de la raison et de la science.

CONCLUSION.

J'ai terminé l'esquisse incomplète d'une langue philosophique. Quoique j'aie long-temps médité sur ce sujet intéressant, objet de ma prédilection, je ne suis pas assez présomptueux pour croire que je n'ai pu commettre ni erreur, ni inexactitude dans le plan que j'ai tracé. Je me suis engagé, sans guide, dans un sentier désert; je me suis frayé une route nouvelle dans une région inculte, remplie d'aspérités, et j'ai pu dévier de la ligne droite, malgré toutes les précautions que j'ai prises pour m'y maintenir. Néanmoins, je suis persuadé que j'ai placé des jalons sur les points culminans de ce monde inconnu. Je me compare, sous ce rapport, aux navigateurs hardis qui se chargent de la pénible mission de faire des voyages de découvertes dans l'intérêt des sciences, du commerce et de la civilisation. Souvent, ils explorent des côtes dangereuses, d'un abord difficile; dans ce cas, ils lèvent les points les plus saillans et la configuration générale des terres qu'ils découvrent, pour en constater l'existence et la situation, en attendant que des circonstances favorables permettent d'en prendre possession et d'en lever le plan détaillé et exact. De même aussi, j'appelle de tous mes vœux l'attention des personnes intelligentes sur ce monde intellectuel dont j'ai constaté l'existence, persuadé qu'elles y découvriront, comme moi, une mine féconde de richesses morales, une source abondante de bonheur et de prospérité. Telle est, au moins, l'idée que je m'en suis faite, et qui m'a déterminé à consacrer mes courts instans de loisir à la rédaction de cet ouvrage. Puissé-je avoir le talent de démontrer les avantages moraux et matériels qui découleraient de ce chef-d'œuvre, que l'on peut édifier, puisque je le conçois.

La forme matérielle serait appropriée à la promptitude des actes de l'intelligence, autant que l'imperfection de nos organes le permet; car les mots seraient réduits aux proportions rigoureusement indispensables pour représenter les idées, et chaque idée et chaque modification auraient des expressions propres. De là, communication claire, rapide et facile de la pensée.

La diffusion et la pauvreté des langues sont des causes de confusion et d'erreur. En effet, le commun des hommes n'attache que des idées vagues aux mots abstraits. De là naissent, en partie, ces jugemens si divers que l'on porte sur les qualités et sur les actions morales; d'une autre part, les lacunes augmentent encore la confusion des idées; car on ne peut suppléer aux mots propres qui manquent que par des approximatifs ou des périphrases. On obvierait à ces graves inconvéniens en donnant aux mots des affinités analogues à celle des idées qu'ils représentent, et en créant tous les mots nécessaires pour exprimer toutes les idées. Ainsi, une langue bien faite exercerait une heureuse influence sur l'esprit humain, en rectifiant les idées, en fortifiant et en éclairant la raison.

Tous les mots seraient bien définis, et ils ne se prêteraient que difficilement aux fausses interprétations. Que de fois la société a éprouvé les funestes effets de cet abus déplorable! C'est toujours avec de fausses expressions que l'on propage des idées dangereuses.

La valeur indéterminée des mots, les nombreuses acceptions qu'on leur donne, causent aussi de graves difficultés dans les relations diplomatiques et particulières, dans l'application et l'interprétation des lois; celles-ci présentent toujours un double sens, connu sous les dénominations de *la lettre* et de *l'esprit*. Toutes ces difficultés et ces obscurités proviennent de l'imperfection des langues. Il est incontestable que si le sens littéral et le sens intellectuel ne sont pas toujours conformes, c'est que les législateurs n'ont pu exprimer toutes leurs pensées, parce que l'instrument dont ils disposent est défectueux. Cette preuve est péremptoire : je continue.

Lorsque les mots représenteront des idées positives, et que toutes les idées auront des expressions propres, les équivoques seront presque impossibles; les jugemens iniques ou erronnés plus rares; les délits et les crimes moins communs; les divisions intestines, politiques et religieuses, plus difficiles à fomenter; car tous ces fléaux de l'ordre social ont pour principe la confusion des idées : une équivoque, exploitée par la méchanceté ou par la sottise, peut mettre le monde en combustion. En éclairant les idées, on porterait le flambeau de la raison dans l'esprit qui les conçoit.

Je sais que l'homme est ingénieux à se créer des erreurs, et surtout intéressé à inventer des moyens pour y induire ses semblables. Quelques précautions que l'on prenne, on ne pourra jamais extirper entièrement ce vice radical, qui a sa source dans la corruption du cœur et dans la fausseté et la méchanceté de l'esprit. Néanmoins, je suis intimement persuadé qu'une langue méthodique, où tous les mots se lieraient et se contrôleraient réciproquement, où chaque ramification vocale formerait une chaîne continue, représentant des idées de la même nature ; une langue, enfin, qui aurait plusieurs rapports avec les sciences exactes, serait un remède efficace, sans être universel, aux maux que je signale.

Une langue bien faite serait d'une émission facile ; elle serait sonore et harmonieuse, poétique (1) et musicale.

Les travaux législatifs et judiciaires, littéraires et scientifiques, seraient plus faciles, plus

(1) Je veux seulement dire qu'elle possédera des qualités matérielles qui la rendront propre à la poésie et à la musique. Quant à la divine poésie, à cette fille du ciel, qui a brillé d'un si grand éclat dans l'aurore de la civilisation, elle réside, non dans les formes de la parole, mais bien dans l'esprit qui vivifie et qui anime cette messagère de l'intelligence. C'est dans la théogonie et la mythologie des peuples, dans les croyances, les superstitions et la crédulité que réside l'esprit poétique. Il faut croire à l'existence et à la puissance des êtres surnaturels qu'on fait agir, pour croire aux prodiges qu'ils opèrent, et aux vertus merveilleuses qu'on leur attribue.

concis et plus exacts. Les discussions seraient
moins longues, les lois plus simples et plus parfaites; les plaidoyers, les rapports et les résumés
plus substantiels; les dépositions plus précises;
les arrêts, les jugemens et les lois se prêteraient
moins aux interprétations astucieuses ou intéressées. L'éducation et l'instruction seraient plus faciles à donner et à acquérir; enfin, le discours
oral et le discours écrit seraient plus concis et plus
clairs.

La typographie éprouverait une réduction analogue; les volumes seraient considérablement réduits; les prix en diminueraient dans la même
proportion. De là, facile acquisition des ouvrages,
instruction moins dispendieuse et plus générale,
amélioration de l'espèce humaine, acheminement
à une ère nouvelle que les philantropes appellent
de tous leurs vœux; je veux dire, à la paix générale et permanente, à l'union de tous les hommes,
fondée sur une affection réciproque entre des êtres
de la même nature, sujets aux mêmes erreurs et
aux mêmes infirmités, et qui se doivent mutuel-
lement amitié, protection, secours et indulgence.

Quoi qu'il en soit de l'union problématique de
toutes les branches de la grande famille humaine,
il est certain qu'elle ne peut s'opérer que par le
moyen d'une langue universelle. Or, il n'y a
qu'une langue bien faite qui puisse s'étendre jusqu'aux bornes de la civilisation et aplanir les
obstacles, presque insurmontables, qui s'opposent
à l'accomplissement de ce vœu philantropique.
Cette belle institution se propagerait facilement;
la régularité et la simplicité de ses formes en rendraient l'étude facile. Toutes les personnes intelli-

gentes, placées, par leur esprit et leur savoir, aux
sommités de l'ordre social, en sentiraient l'importance, en apprécieraient les avantages, et la
considèreraient comme le complément nécessaire
de la civilisation, et le moyen le plus puissant
d'en accélérer les développemens et d'en mûrir
les fruits. Elle franchirait les frontières, les mers et
les climats; les savans de tous les pays se hâteraient
de l'acquérir. Elle descendrait des étages supérieurs
de la société aux étages inférieurs, en se commu-
niquant de proche en proche, et deviendrait, enfin, une langue vulgaire, sinon universelle, au
moins commune aux nations les plus intelligentes.
Ainsi, outre les avantages particuliers qui en éma-
neraient immédiatement, et dont j'ai fait l'énumération, elle procurerait des avantages généraux non
moins précieux. Une langue commune propagerait les idées philantropiques et les institutions
utiles, les arts et les sciences; affaiblirait les préventions et les préjugés qui divisent les peuples;
serait, enfin, un lien social d'une puissance in-
finie.

FIN.

TABLE.

FIN DE LA TABLE.

E
Merne

www.ingramcontent.com/pod-product-compliance
Lightning Source LLC
Chambersburg PA
CBHW070304290326
41930CB00040B/2011